CONSTRUCTION NATIONALE, NATIONALE, GOUVERNANCE ET DROITS DE L'HOMME

Albert Samah, PhD

Deuxième édition

ISBN:9798394711060

PREFACE

Ce livre a pour but de faciliter et introduire les cours de construction nationale, gouvernance, les droits de l'homme et le problème de genre dans les institutions de l'enseignement supérieur au Cameroun. Bonne gouvernance, citoyenneté et d'autres problèmes liés à l'étique et au professionnalisme étaient inclus dans la seconde édition. Dans le but de permettre aux apprenants de faire face aux défis d'un monde en perpétuel mutation et aussi de contribuer activement à l'évolution de leur pays, ce livre donne aux étudiants l'essentiel sur les concepts contemporains dans les domaines précédemment cités.

L'emphase mise sur l'éducation civique dans ce livre est un moyen de renforcer certaines valeurs morales telles que : le patriotisme, l'honnêteté, le nationalisme et le travail qui sont les valeurs importantes de la lutte contre certains maux sociaux tel que : la corruption, le détournement des fonds, la paresse, l'ethnicité etc.   Le livre est divisé en quatre grandes parties : construc

REMERCIEMENTS

Ce travail a bénéficié de la contribution, suggestions et des critiques de plusieurs personnes. Je suis très redevable aux professeurs : VG Fanso, Daniel Abwa, Philiphe Blaise Essomba, Albert Temgoua. Nous n'oublions pas Dr Stephen Fomin et tous ceux qui m'ont enseigné les bases de l'écriture scientifique.

Je voudrais ici remercier Dr Walter Samah de la mission des nations unis pour la stabilisation de Haïti qui à donné une contribution très importante pour la production de ne livre. Ma gratitude va aussi a l'endroit d'Elvis Eghombi qui a produit les questions à choix multiple qui fait de ce livre un outil de travail pour les institutions d'enseignement supérieur. Je remercie Esther Ngantou (Hadassa) et Olivia Wong pour la lecture et correction.

Du fond de mon cœur, je remercie le Pasteur Nkili Dieudonné et toute la famille du de la Mission du Plein Evangile de Ngoa-Ekelle, Pr Mbacham Wilfried et toute sa famille, Dr Wilibroad Nze-Ngoa, Doroty Ndikum, Rose Mbole Epie Moity Uwaifo, Enonchong Tabe, Pochi Tamba, Esther Ngantu, Denis Nchenwi, Christofer Chefor and Francis Ojong.

J'aimerai aussi exprimer ma gratitude à touts mes collègues du Complexe universitaire SIANTOU qui, sur plusieurs plans m'ont donné le courage nécessaire pour la production de ce livre. Je pense principalement à : Dr Mulema, Dr Tumasang, M Christopher Kaka (pour son soutient inlassable) .Jonathan

Takang, M. Daniel Tambi, M. Ashu Nyenty, Mlle Mokosso Cecilia, M. Robert Sama, M. Jude Mbinta et tout ceux dont les noms ne peuvent être mentionnés ici faute d'espace.

Mes remerciements vont aussi l'endroit de tous mes étudiants spécialement ceux de la promotion des années 2008/2009 et 2009/2010 du cycle HND (High national Diploma) du Complexe universitaire SIANTOU pour la coopération, les encouragements et tout le soutient moral qu'ils m'ont apporté lors de l'élaboration de ce document.

J'adresse un merci particulier à toute ma famille. Je pense à : mon papa Mathias Samah, ma maman Mary Samah, mes belles-mamans : Rose Samah et Viviane Samah pour toutes les sacrifices consacré à mon éducation et mon épanouissement. Je n'oublie pas mes nombreux frères, sœurs, oncles, tantes, cousins et cousines. Je remercie aussi mon frère par alliance Francis Moussa pour son soutient matériel.

Je serai éternellement reconnaissant envers M. Godlove Eghombi et sa famille pour tout l'amour qu'ils m'ont donné précisément à cette période cruciale de ma vie et ma carrière. Je n'ai pas besoin de dire à ma femme Yvone Eghombi qu'elle a été comme la maman dont j'avais besoin tout au long de cette période. Mille fois merci.

Je reconnais que ce travail n'est pas à la hauteur de ce qu'il aurait pu être donc toutes remarques critiques et suggestions sont les bienvenus.

Albert Samah , Mars, 2010

PARTIE UNE

CONSTRUCTION NATIONALE

Objectif générale

L'enseignement du concept de construction nationale dans les institutions d'enseignement supérieur est dû à sa contribution importante à travers le temps. Cet enseignement a pour but d'apporter aux étudiants et aux jeunes travailleurs les connaissances et les outils nécessaires leur permettant de développer en eux une prise de conscience et d'identifier les droits individuels et collectifs. Une fois nantis de ces valeurs positives, un individus fonctionnera dans la société de façon acceptable et de ce fait apportera une contribution positive à la société à travers ses actes.

Cette partie est divisée en quatre leçons divisées en plusieurs sections. La leçon une traite de la construction nationale ; ses concepts et principes. La leçon deux traite de l'éducation civique et morale, des valeurs humaines et de la citoyenneté. Elle montre les défies à relever pour construire une nation positive. La troisième leçon nous montre comment l'éthique, la déontologie et le professionnalisme peuvent aider à construire une nation positive. Dans la leçon quatre nous avons des exemples clés de certaines personnes que nous pouvons prendre pour model dans l'histoire du monde.

PARTIE 1 CONSTRUCTION NATIONALE
ET ; CONCEPT ET PRINCIPE.

Plan du cours et objectifs

Dans cette leçon l'étudiant sera introduit dans le concept de nation et le processus de l'amélioration de la vie politique et socio-économique d'une nation (construction nationale). Après cet étude, l'étudiant sera capable de :

-   définir « nation »

-   présenter les caractéristiques de la construction nationale.

-   Répondre aux questions relatives à la construction nationale.

Section une : comprendre construction nationale

-   Perception

-   Concept d'une nation

-   Présenter une nation

Section deux : principes de la construction nationale

-   construction nationale et leadership

-   construction nationale et gestion du temps

-   construction nationale et prospérité

-   construction nationale et éternité

Introduction : comprendre nation et construction nationale

Pour mieux apprécier l'importance de la construction nationale dans une société, un pays ou une communauté, la définition du mot nation est importante. La nation est un groupe de personne vivant ensembles dans une zone géographique définie, ayant les mêmes liens politiques, partageant la même histoire et qui ont consenti à partager le même destin et futur. Autre chose qui lie ces personnes est la langue, la culture, la religion et certains liens ethniques. Autant ces facteurs les lie, autant ils sont parfois à la base de certaines troubles tels que : guerre civil, génocide etc.

La construction nationale pour sa part, est le processus par lequel les ressources (humaines et naturelles), les talents, etc. d'un group sont reconnus entant qu'une entité identifiés, améliorés et même maximisés pour répondre aux besoins de ce peuple. Ces ressources et talents peuvent aussi être utilisés pour aider d'autres pays avec qui ils sont en collaboration. Pour mieux apprécier cela, nous pouvons le constater à travers la qualité des ses dirigeants, la manière de vivre de ses citoyens, leur capacité à faire face à leurs besoins quotidiens et les liens de fraternité qui existent ces groupes de personnes et d'autres nations de la planète terre.

L'art de la construction d'une nation est à la fois la responsabilité de ceux qui sont choisis pour une période bien définie pour occuper des positions importantes et aussi de ceux qui sont appelés pour diriger. La plus grande mission d'un gouverneur ou d'un leader est celui de créer un environnement propice (en mettant sur pied des structure effectives) à travers lequel les citoyens peuvent identifier leurs talents individuels, leur vision et ainsi réaliser leur rêve.

Le gouvernement ne peut pas tout faire seul pour ses citoyens car le pays ne se construit pas uniquement par les décisions de ceux qui occupent des postes importantes. Elle doit se construire aussi avec les interventions personnelles et créatives du peuple sans oublier l'attachement que ces personnes ont envers leur nation. Voici ci-dessous cités quelques indicateurs pour une construction nationale effective.

Les principes d'une construction nationale effective.

Le processus de l'amélioration de la vie politique, économique et socioculturelle d'une nation a des principes qui ne se limitent pas seulement à un espace géographique. Quelques unes de ces principes sont ci-dessous traitées.

Leadership : c'est la clé essentielle de la construction nationale car, tout tourne autour du leadership. Quelque soit le type de gouvernement, les bons leaders doivent avoir une influence positive sur leurs peuple pour construire une nation forte pour eux-mêmes et pour la prospérité. Les mauvais leaders d'autre part manipulent et dominent les empêche de s'améliorer en mettant en place un system d'insécurité, de terreur plutôt que de satisfaire les besoins de la population. A travers l'histoire, les hommes ont toujours cherché le meilleur type de gouvernement qui pourrait répondre aux besoins de la population. Par conséquent plusieurs types de gouvernements ont été mis en place. De la dynastie aux empires, de la monarchie aux états, nations et démocratie des bons et de mauvais leaders se sont dressés et ont chutés. Nous avons vu des états dictatoriaux masqués par la démocratie. En observant le monde, nous pouvons facilement constater qu'il y a une quête pour le leadership dans les sphères politique, civique et même religieux.

Il y a donc urgence pour le besoin pour l'émergence des leaders de qualité par qui le processus de construction nationale peut être appliqué. Les bon leaders vont facilités et influencer positivement les nations tandis que les mauvais non seulement vont retarder le processus de construction nationale, mais aussi ils vont abuser et mal utiliser les ressources humaines et naturelles qui sont les matières premières de la construction nationale. Un bon leader n'est pas le fruit de la chance. De bons leaders sont modelé à travers la discipline personnelle, le courage, la préparation à travers des exercices du rôle de leadership. Les leaders de qualité sont indispensables pour la construction nationale car, ils sont des guides pour la vision de la nation.

Vision

C'est une qualité qui nous permet de voir la fin à partir dès le début et ainsi faire des préparations pour la fin. C'est aussi la capacité de prédiction ou prévision. Les saintes écritures nous apprend que : « lorsqu'il n'y a pas vision, le peuple (nation) va périr ». Chaque nation devrait avoir un visionnaire dans la plupart des ces visionnaires sont pères fondateurs de cette nation. On retrouve ces visions dans les documents de la fondation de cette nation tels que : la constitution, les symboles nationales, l'hymne nationale et le drapeau. Ces documents ne doivent pas seulement être utilisés pour des cérémonies. Ils doivent être présents dans le cœur de n'importe quel citoyen.

Ces emblèmes est le miroir de leur rêve et aspirations. Cela leur apprend non seulement d'où ils viennent mais aussi ils leurs montre le chemin et leur dit où ils vont.

L'hymne nationale du Cameroun définit ou devrait définir la destiné du Cameroun ; vers quel destin le Cameroun évolue. L'unes des phrases de l'hymne nationale du Cameroun est : « chère patrie, terre chérie » nous ne pouvons pas prétendre aller vers cette vision lorsque nos frères et nos sœurs voient leur terre promise plutôt en Europe, Etat Unis d'Amérique et Asie. Nous ne pouvons pas prétendre être plus proche de notre « chère patrie » lorsque la pauvreté et le chaumage se moquent de nous. Même la où la vision originale a été détruite par l'oppression et la manipulation, de nouveau leaders émergent pas seulement pour tenir des postes administrative, mais à travers leur façon de vivre, ils changent la vision de la nation et l'oriente vers la voie divine.

Payer le prix : chaque construction effective prend non seulement du temps, l'énergie et des ressources, mais aussi du plaisir et le confort. Une nation n'est pas le fruit d'un fantasme out des désirs qu'on prend pour réalité. Tout comme des graines qui ne peuvent pas produire des fruits jusqu'à ce que l'on les sème, les leaders et les citoyens doivent un peu oublier leur confort pour construire une nation dans laquelle ils peuvent se retrouver et s'y plaire. Ceci voudrait tout simplement dire que les dirigeants et les citoyens doivent faire des sacrifices pour leur nation. Ils ne doivent pas seulement s'accrocher aux droits et privilèges. Ceci devrait nous faire comprendre que le confort que nous avons aujourd'hui est le résultat des sacrifices des hommes et des femmes qui ont donné leur vie pour que nous soyons ce que nous sommes aujourd'hui.

Certains sont morts défendant notre chère patrie. D'autres sont mort de l'esclavage et des travaux forcés lors de la construction des routes et des chemins de fer que nous utilisons fièrement de nos jours. Certains parmi eux n'avaient pas de maison parce qu'ils luttaient contre l'injustice et l'oppression dans la forêt. D'autres ont été tué entant que terroristes mais ils savaient que la nation que la nation grandirait et ont accepté cette mort. Même au moment où on ouvrait le feu sur eux, ils continuaient à crier « vive le Cameroun ». Il y en a qui ont passé leur vie à écrire des livres faisant des propositions pour un pour un Cameroun nouveau et meilleur. Tous ces sacrifices ils l'ont fait pour nous et nous devons aussi le faire pour les générations avenir.

La Culture Du Travail : le degré de développement de n'importe quel pays dépend principalement de sa culture du travail. Lorsqu'on parle de la construction nationale, le travail est un élément clé.les grandes civilisations d'Egypte, de la Grèce, de Rome, Mali, du Ghana et du Songhaï et plus récemment de la chine, sont tous les fruits d'un dur labeur. Que ce soit par travaux forcés ou même des travaux rémunérés, cela a joué un rôle important pour la construction de notre société moderne. Il fallut beaucoup de travail pour construire les pyramides d'Égypte. Nous n'avons plus besoin de mentionner que c'est le travail des africains qui a hautement contribué à la construction de l'Europe et des Amériques.

Il a fallut trop de travail pour construire les chemins de fer et les routes en Afrique pendant la période coloniale (malheureusement très peut ou presque rien n'a été ajouté à cela par les gouvernants après les indépendances). Par des travaux forcés, les africains ont construit les pays étrangers et c'est également par ces mêmes travaux forcés qu'ils ont construit les routes et les chemins de fer pour faciliter l'exploitation de leur propre territoire par les impérialistes. Mais avec l'avènement de l'indépendance, le africains n'ont plus utilisés cette même force pour construire ce qui leur appartient. L'indépendance a-t-elle enlevé la résistance et la force que les européens recherchaient en Afrique lorsque les Indiens à peau rouge ne pouvaient pas supporter les conditions de travail en Amérique du Sud? L'indépendance et le modernisme ont-ils tué notre force et talant ?

La culture du travail de certains soi-disant pays en voie de développement est très basse. Beaucoup préfèrent célébrer le repos et les vacances quand bien même ils n'ont rien réalisé. C'est pourquoi en Afrique, il est monnaie courant d'avoir de vacances spontanées. Ceci est un autre moyen de plaire à la masse puisqu'ils détestent le travail et surtout travailler pour la construction nationale. Leur temps est plus dédié au repos et à la distraction plutôt qu'au travail. Malheureusement lorsque ces même africains se trouve en terre étrangères, ils donnent tout pour la construction de ce pays d'accueil. Tout ceci parce que les la plupart de ces personnes n'aiment plus leurs pays. Beaucoup de personnes travaillent dans leur propre pays comme si ils étaient de passage. Certains attribuent leur négligence et indifférence pour le travail et la construction nationale à l'égoïsme du gouvernement. Cependant, l'expérience à montré que lorsque ces même personnes sont placés pour diriger, ils se comportent de la même façon. Si nous devons construire notre pas, les gouvernants et les gouvernées cultiver en eux l'amour du travail.

Quelque soit la tache à nous attribuée, nous devons donner le meilleur de nous même. Nous devons aussi savoir que, si on travaille pour le secteur privé ou pour le secteur public, nous ne travaillons pas pour les autres mais pour la construction de la nation ; que nous ne travaillons pas pour un parti politique mais pour la nation ; que nous ne travaillons pas pour le régime ou pour le président mais pour notre mère patrie. Les présidents, les partis politiques et les régimes viendront et partiront mais notre mère patrie restera. Si notre mère patrie est la seule chose qui restera, nous avons donc le devoir de la construire.

Une nation est construite uniquement lorsque les enseignants donnent le meilleur d'eux-mêmes pour instruire les futurs leaders, lorsque les gendarmes et les policiers se donnent à fond pour protéger les citoyens et le pays, lorsque les hommes d'affaires donnent les meilleurs services aux clients pas juste pour se faire de l'argent à tout pris, lorsque ceux qui ont été élus font des lois et mettent en place des structures et des projets de développement qui vont permettre aux citoyens d'évolué et réaliser leurs rêves. Ce n'est qu'après tout ceci que nous prétendre avoir atteint un bon niveau de développement. Ce n'est qu'après tout ceci que nous ou nos enfants pourront chanter « chère patrie terre chérie »

Construction nationale et gestion du temps : nous ne sommes que la résultante de façons avec laquelle nous gérons notre temps. La où nous sommes entant qu'individu ou nation dépend de la façon dont nous utilisons notre temps. C'est à travers une gestion propre et effective de notre tems que nous devenons plus créatifs. C'est par une bonne gestion de notre temps qu'un paysan peut un jour se lever et diriger une nation. C'est par une gestion effective du temps que nous réfléchissons sur la façon d'exploiter nos ressources sans compter sur les étrangers.

La gestion du temps peut affecter la construction nationale de façon positive ou négative. Ce sur quoi nous passons notre temps nous dit qui nous sommes et celui que nous voulons devenir et ou on veut aller. Tout ceci nous permet de définir donc le type de nation que nous voulons construire. Dans certaines cultures où l'on passe plus de temps à fêter et à se distraire ne peut avoir une nation forte et les individus de cette nation ne pourront pas réussir et vont donc passer leur temps à attribuer la cause de leur échec à la malédiction, ou en accusant Dieu pour les avoir placé dans un mauvais pays.

Une nation dans laquelle les citoyens passent leur temps dans les débits de boisson plutôt que dans des bibliothèques et des centres de recherche, Une nation dans laquelle les enfants passe leur temps dans les jeux et devant le petit écran plutôt que de d'étudier et faire leurs devoirs de classent, doit plutôt compter sur les étrangers pour sa construction. Nul besoin de vous rappeler que les pays qui fabriquent ces boissons ne passent pas leur temps à boire comme nous le faisons. Beaucoup de nos compatriotes préfèrent rester oisif plutôt que de passer le temps à lire et à réfléchir sur le moyen d'améliorer leur condition de vie.les grandes nations sont définies à partir de la façon et du lieu où les citoyens passent ou gèrent leurs temps.

Construction nationale et prospérité : si nous reconnaissons que notre confort présent est le fruit des efforts de ceux qui étaient la avant nous, nous devons donc savoir que la meilleure manière de construite est penser aux générations futurs. La construction nationale est un processus qui doit sans cesse continuer et qui ne doit pas s'achever en une décennie ou par un parti politique. Nous devons tout faire pour que nos actions et décisions soient en faveur de ceux qui viendront après nous. Notre vision du monde devrait être plus grande que ce que nous mangeons, le genre de maison que nous voulons construire ou marque de voiture que nous voulons acheter. Nous devons vivre pour des choses qui sont plus grandes que notre existence et notre imagination si bien que ceux qui viendront après nous voient et profitent de ce que nous avons laissé.

Si à la fois les gouvernants et les gouvernés pouvaient s'arrêter un moment pour se poser la question suivante : « que puis-je faire pour la prospérité de cette nation pour que l'on se souvienne de moi plus tard ? », alors notre attitude envers la construction nationale changera automatiquement. Alors la corruption et le détournement des fonds seront réduits et la culture du travail et la créativité grandira. Quelque soit le type d'action que nous émettons aujourd'hui, nous ne pourrons pas échapper à la justice de l'histoire. L'histoire nous jugera. Ceux qui viendront après nous nous condamneront ou feront nos éloges. Nous devons donc toujours penser à ce que l'on voudrait que l'on retienne de nous.

Aimeriez- vous que l'on se souvienne de vous comme David ou Goliath ?

Aimeriez- vous que l'on se souvienne de vous comme Judas out Simon Pierre ?

Aimeriez- vous que l'on se souvienne de vous comme Idi Amin ou Thomas Sankara ?

Aimeriez- vous que l'on se souvienne de vous comme Mandela ou comme Moumboutou Sesse Seko ? Êtes vous parmi ceux la qui n'aimeraient pas que l'on se souviennent d'eux parce que ce que vous n'avez rien fait ou ce que vous avez fait pour votre pays est si insignifiant que vous ne pourrez même pas être reconnus même comme une virgule dans les note de bas de page. L'histoire se souviendra de vous comme de ceux qui sont passés dans ce monde de façon inaperçue. Avez-vous déjà pensé que tout ce que tout ce que vous aimez aujourd'hui (vêtement, voitures, les médicaments que vous prenez etc.) sont les produits de certaines personnes ? Passerez-vous donc dans ce monde sans laisser une empreinte pour la génération futur ? Les leaders qu'ont mal dirigés se réveillent quand il se fait tard et pour voiler l'histoire commence à mettre sur pied des programmes et des structures pour apaiser la génération futur. Ils oublient que tout ce que nous ne pouvons pas tromper l'histoire car la vérité finit toujours par éclater. Ceci nous amène à un autre élément de la construction nationale.

Construction nationale et éternité : la plupart des nations se souscrive dans des organisations laïques plutôt que dans des théocraties. Ce a fait croire à plusieurs personnes que si nos actions ne sont pas punies et récompensées sur terre, alors nous pouvons aller en paix. Nous oublions que Dieu contribue au choix de tous les dirigeants et voit tout ce que ces derniers font et leur demandera des comptes. Nous sommes des serviteurs non seulement par nos vies mais aussi par le travail le travail qui nous est assigné pour le bien de l'humanité. Quand nous avons failli à notre devoir, il y aura des répercutions sur la vie de beaucoup d'autres personnes d'une façon ou d'une autre.

Dans certains cas cela peut conduire à des pertes de vies humaines. La construction nationale est à la fois une tache laïque et divine qui peut avoir des sanctions positives si on a bien accompli sa tâche. Mais si on ne la pas bien fait, cela se fera aussi sentir. Dans la section suivante, nous allons parler de l'éducation civique et voire comment la construction nationale et l'éducation civique peuvent contribuer à l'amélioration de la vie d'une nation.

Exercices de fin du cours

Cochez la réponse juste.

1- **le processus par lequel les ressources et les potentialités d'un groupe de personnes sont reconnus, comme une entité et sont identifiés, étudiés et maximisés pour satisfaire les besoin de la population est appelé :**

a) gestion du genre

b) gestion des ressources nationale

c) construction nationale

d) tout ce qui précède

2- **la notion de construction nationale est la seule**

responsabilité des suivantes exceptions faites d'un seul.

a)   les citoyens

b)   ceux occupant les grands postes de responsabilité

c)   le gouvernement

d)   les pays voisins

3-   une nation ne peut être bien construite que lorsque :

a)   un bon gouvernement a été mis en place

b)   les droits de la population sont strictement respectés.

c)   Quand un leadership de qualité est mis en place

d)   Quand le pays a beaucoup de ressources naturelles.

4-   la capacité de voir la fin des projets dès le début est :

a)   idée

b)   vision

c)   meilleur leadership

d)   tout ce qui précède

5-   les suivants peuvent porter la vision d'un groupe à l'exception d'un seul.

a)   constitution

b)   les symboles nationaux

c)   l'hymne et le drapeau

d)   aucun de ce qui précède.

6-   les suivant sont des ingrédients essentiels pour la

construction nationale excepté un seul :

a) sacrifice

b) prédiction

c) prendre ses désirs pour des réalités

d) leadership inspiré

7- lequel de suivants contribuera à la construction nationale ?

a) consommation excessive

b) trop de jours fériés et beaucoup de détente

c) aller au travail à l'heure que vous voulez

d) investir dans le temps et le travail

8- les suivants sont des raisons pouvant soutenir le fait que les camerounais ne connaissent pas la notion de construction nationale.

a) de grands investissements dans les banques étrangères

b) observation de trop de jours fériés et des dimanches

c) migration vers l'Europe

d) aucun de ce qui précède.

9- qu'est ce qui est en marge de la construction nationale

a) les enseignants devraient inculquer les bonnes manières à leurs étudiants

b) les agents de polices devront prendre 500f et laisser le chauffeur de taxi fautif

c)   les citoyens devraient agir en patriote dans tout ce qu'ils font

d)   les gouvernants devraient travailler avec les gouvernés pour construire la nation.

10- Laquelle des questions suivantes ne devraient pas être posées par un citoyen qui veut apporter sa contribution à la construction nationale ?

a)   comment est ce qu'on se souviendra de moi dans le futur ?

b)   qu'ai-je fait pour mon pays ?

c)   qu'est ce que mon pays à fait pour moi ?

d)   tout ce qui précède

11- laquelle des ces citations est juste ?

a)   la construction nationale est à la fois une tache séculière et divine

b)   nous pouvons aller en paix si nos actions ne sont pas sanctionnées sur terre.

c)   Dieu respecte tous les gouvernements que nous mettons en place

d)   La volonté de Dieu voudrait que nous rendions compte de toutes actions menées envers la nation.

LEÇON 2 ; EDUCATION CIVIQUE ET CITOYENNETE

Cette leçon permettra à l'étudiant de connaitre la définition et le concept d'éducation civique et la citoyenneté. Les notions de valeurs humaines et consciences morales seront débattues et à la fin de cette leçon il sera capable de :

- retracer l'étymologie du mot civisme
- explique l'importance du civisme pour la vie d'une nation
- définir clairement certains concepts à l'instar de la conscience morale
- montrer comment un individu devient citoyen d'un état
- présenter l'apport d'un état pour ces citoyens et vice versa
- répondre aux questions de la leçon

Section 1: compréhension de la notion d éducation civique

- définition du mot civisme
- importance du civisme

Section 2 concept relatif au civisme

- conscience morale
- justice et règle de loi

Section3 citoyenneté

- qu'est ce que la citoyenneté?
- Comment devenir citoyen d'une nation
- Les apports des citoyens pour leur état et vice-versa.

Section 1 : comprendre éducation civique

Le mot civisme vient du latin « civis » qui signifie citoyen. C'est l'étude des droits et devoirs du citoyen d'un pays ou d'une nation donné. L'objectif de cette étude est de permettre aux citoyens d'être bon, honnête, loyale, patriote, et soumis aux principes. Le civisme contribue également à développer l'amour entre citoyens pour la nation ou le pays. Il aide à développer un esprit de patriotisme. Le civisme permet également de développer la notion de destiné partagée entre citoyens. C'est-à-dire chaque individu est née avec un devoir et une mission ou rêve, et ce rêve doit être découvert, identifié et réalisé. Mais ce rêve doit être réalisé dans un contexte de rêve national.   Cette étude peut également empêcher le citoyen de vivre de façon insignifiante ainsi il l'encourage à vivre dans l'aisance. En outre il encourage le citoyen à vivre un rêve qui n'est pas éphémère et dédier toute son existence à une passion qui outrepasse l'égoïsme, l'intérêt familial, et ethnique.

Une pareille étude est très importante pour un pays tel que le Cameroun qui compte près de 250 groupes ethniques et environ 300differentes langues. Bien que la diversité ethnique et langagière soit un avantage, plusieurs camerounais pensent que l'intérêt ethnique est prioritaire à celui de la nation. Ils ne voient rien en d'autres ethnies qui puisse les rassembler. Ce genre de mentalité entraîne un esprit de (haine) ; « ils »contre « nous » qui cachent l'unité nationale et établies une atmosphère d'intolérance et une situation de dissension et de conflit. Bien que appartenant à différents groupes ethnique, religieux, politique, et parlant différentes langues, nous devons pardessus tout nous considérer comme appartenant à une nation ayant une destinée commune.

L'éducation civique aidera l'individu à comprendre son compatriote et d'autres nations. Ceci permettra au citoyen de comprendre qu'en dépit du fait que nous partageons des frontières nationales avec d'autres pays nous sommes inter d'épandant et que nous partageons tous quelque chose en commun: nous sommes tous des êtres humain. Pour permettre aux citoyens de s'imprégner et participer à *leur* activités, les communautés internationales sont à leurs côté non pas comme observateurs passifs mais en tant que acteurs. Aidant le citoyen à comprendre qu'il a une contribution à l'amélioration de la paix dans le monde à travers ses opinions et son travaille humanitaire. spécialement en zone de guerre et en situations désastreuses, il peut participer à l'éradication de certain problèmes dans le monde tel que la famine, les coupures d'eaux et aussi des maladies causées par des crises dans certains pays. Pour mieux cerner la notion de civisme nous devons examines certains concepts de base.

Setion2 : concepts clés relevant du civisme.

Le civisme et l'éducation morale sont tous deux des éléments positifs pour la construction des relations. Toutes fois, les diverses zones ou ces relations sont établit peuvent différer. Voici quelques zones et concepts clés.

L'éducation morale : elle est l'étude des habitudes morales, du standard du comportement et du principe bien /mal. Il nous enseigne des vêtues tels que la vérité et l'honnêteté dans la vie et comment vivre en paix et en harmonie dans notre communauté.

La justice : c'est le modèle de la responsabilité qui encourage l'honnêteté dans la protection et la rémission des fautes et également la condamnation du mal. La justice signifie d'une part que les droits de l'accusé soient garantie même s'il a tord. D'autre part l'intérêt de la victime est protégé et le bien être de la communauté entière préservé.

La notion de justice est profondément ancrée dans toutes les cultures et sociétés. Son exécution nécessite un mécanisme judiciaire formel tel que les diverses courts de première instance, haute court d'appel, et la cours suprême. Toute fois, les mécanismes de résolution des conflits traditionnels sont effectifs dans certaines régions.

Les statuts de loi c'est la théorie fondamentale de gouvernance qui indique que toutes les institutions, aussi bien publiques que privées, et l'état aussi soit sujets aux lois votées et promulgués en accord avec les normes internationale.

Les qualités humaines, valeur et normes

La liberté humaine Est un bien intrinsèque. il est une bonne chose quand il nous permet ce qui est bien, et est une mauvaises choses lorsque ils nous conduisent à la réalisation de ce qui est mal. La liberté est une propriété nécessaire pour le bonheur ; alors le bonheur individuel et collectif a besoin de liberté. Le principe de la liberté est que l'on peut faire tout ce que l'on veut sans que l'on ne puisse nuire aux autres.

L'Etat doit-il interférer sur les libertés individuelles pour quelques raisons que ce soit? L'état doit interférer quand la liberté individuelle est susceptible de nuire aux autres puisque aucun homme ne vit seul. La liberté est une valeur de la nature humaine. Il est à croire que toute personne a un devoir moral de bien se comporter envers les autres pour être meilleur dans la société.

Pour la réglementation des libertés, l'état doit intervenir. Les individus sont certains d'accepter l'état de droit qui a été bâti sous notre histoire comme ayant les meilleures perspectives pour un apport d'utilité maximum. L'état a le droit légal de punir.

La non ingérence de l'état dans les libertés individuelles peut être dans les cas où leurs comportements ne vont pas en étroite ligne avec la loi mais pourrait avoir un impact inverse sur eux. Par exemple, si un homme choisit d'être saoul l'état ne peut le punir mais s'il l'est durant son travail, il doit être sévèrement puni pas du fait d'être saoul mais parce qu'il est incapable d'accomplir sont devoir.

Les êtres humains ont besoin d'une autorité politique pour les assister dans l'amélioration de leur condition de vie. La liberté nous invite à être tolérants puisque normalement chacun est offensé par certains comportements. Des comportements à l'instar de l'homosexualité, les défécations en route ; la nudité et l'extrémisme religieux justifie l'intervention de l'état surtout si ces derniers empiètent sur les droits et la vie privée d'autres personnes. Dans la prochaine leçon nous étudieront la citoyenneté qui, est aussi une pièce importante pour la construction nationale.

Section 3 : la citoyenneté

La citoyenneté est un attachement mutuel et convivial qui existe entre individu vivant dans un pays particulier et qui profite de tous les droits et privilège de ce pays et qui prête allégeance et Loyauté à ce dernier. Le citoyen d'une nation possède un droit politique qui inclue celui de voter et d'être élu, le droit de changer un gouvernement répressif, le droit à l'égalité, le droit à la nomination politique et la possibilité d'être président du pays. Le citoyen a des droits sociaux parmi lesquelles le droit à l'éducation, à liberté de pensée, à religion, à la conscience.

La relation est conviviale puisque les citoyens aiment leur pays et cela est réciproque dans la mesure où l'état fourni certaines installations dont ce derniers ne peut se les octroyer. En retour, le citoyen réalise certaines taches et devoirs dans le but d'améliorer et contribuer à la croissance de l'état. La citoyenneté est une longue vie relationnelle dont le citoyen entre et ne ressort qu'à sa mort ou lorsqu'il changera de nationalité. Avant de voir en détail la relation d'échange qui existe entre le citoyen et l'état. Nous devrons parler de ce qui fait d' un individu citoyen d'un pays.

Différence entre un citoyen et un étranger

Ils existent plusieurs différences entre les citoyens et les non-citoyens d'une nation. Un citoyen profite des droits politico – sociaux et d'une protection légale tandis que le non-citoyen n'en profite pas. En outre pour le citoyen son pays est un habitat permanent et est un habitat temporel pour un non-citoyen.

Voie d'obtention de la citoyenneté et la nationalité.

Il existe plusieurs voies par les quelles la citoyenneté peut s'obtenir:

1) par l'accouchement ou la naissance. C'est quand les deux parents de l'individu sont citoyens du pays en question. Par la naissance signifie que la citoyenneté peut être obtenue quand l'un des parents est citoyen d'un pays particulier ou dans le cas ou les grands parents de la personne concernée sont née dans le pays.

2) la citoyenneté peut être obtenue par le mariage. Si un homme se marrie à une femme étrangère, il devient automatiquement la citoyen du pays de son épouse et vice-versa si les deux se sont enregistrés en tant que citoyens.

3) La citoyenneté peut également être obtenue par naturalisation. Ceci est fait au travers d'une demande. L'étranger devra avoir des intérêts à devenir citoyen d'un autre pays. Dans ce cas il doit déposer une demande au président du pays sollicité. Il subira dont un processus d'évaluation. Si il peut convaincre qu'il aime le pays et peut contribuer à sa croissance, il pourra alors être investi citoyen de la nation et un certificat de nationalité lui sera délivré.

4) Elle peut également être obtenue comme un titre honorifique octroyé à un individu en remerciement

de son accomplissement politique ou à sa contribution personnelle dans la promotion de la dignité humaine ; tel est le cas de Nelson Mandela et Miriam Makeba qui ont reçu la citoyenneté guinéenne, tanzanienne et libérienne.

Pour comprendre la relation entre l'état et le citoyen, nous étudieront les divers droits et responsabilités d'un état envers un individu et vice-versa.

Le rôle de l'état vis-à-vis de ses citoyens.

Le rôle d'un état est d'aider ses habitants à réaliser les activités dont ils sont incapables. Nous avons ;

La protection ; garantir la protection est l'un des droits fondamentaux qu'un citoyen attend de son état. Ce type de protection varie de la protection intérieure contre des bandits et les braquages, de la protection contre oppression à la protection extérieure contre les agressions des pays étrangers ou leurs citoyens résidant en tant que expatriés. Un system de gestion bien organisé, entrainé, discipliné, avec un sens du devoir et du respect des droits de l'homme doit être établit pour garantir la sécurité interne de ses citoyens. En outre une gendarmerie et une armée disciplinée doivent protéger les citoyens et le pays lors d'une intrusion étrangère et protéger ces derniers en temps de paix.

L'éducation ; la qualité de service, la santé générale et le développement d'un pays dépendent du type d'éducation du pays. C'est dont le droit de l'état de s'assurer que ses citoyens reçoivent une éducation qu'elle soit publique ou privée tout en vérifiant que les ressources humaines et matérielles nécessaires soit mis en place.

Promouvoir l'emploi ; l'état ne peut donner des emplois à tout le monde. Tout de même il doit établir un environnement propice à la création des emplois. Cela peut être fait en encourageant les individus à investir dans le secteur privé, en développant les secteurs lucratifs qui peuvent faire des entrées dans l'économie national. L'état pourrait fournir les ressources crédibles et encourager les entreprenariats individuels à lancer des projets et récompenser les talent et créativité non les loyautés ethniques et de parti politiques.

Santé ; L'état se doit de fournir à ses citoyens des bons soins médicaux et de s'assure qu'ils vivent dans un environnement sain dans l'optique de leurs évités de contacter les épidémies.

L'assistance ; L'état doit aider ses citoyens quand ils sont incapables de s'aider eux même spécialement des personnes vulnérables c'est-à-dire les orphelins les handicapés, les mal entendant, les enfants de la rue, et bien d'autre. L'état a ce devoir envers ses citoyens et ils sont également responsables de l'état. Voici quelques uns de leurs devoirs.

Le paiement des impôts ; les citoyens honnêtes et patriotes se doivent de payer leurs impôts car c'est de cet argent qu'est prélevé les ressources pour la construction des routes et d'école et payer les fonctionnaires et la réalisation de bien d'autres projets pour leurs bien être. Les honnêtes citoyens ne devraient pas falsifier leurs impôts dans le but de ne pas payer le montant réel.

La participation dans le processus électorale(le vote)

Un état ou un pays est fait des gouvernants et des gouvernés, des leaders et les subordonnées. Ces leaders sont choisis par voie de vote ceci doit être une obligation morale pour le citoyens de participer au processus électorale.

L'observation et le respect des lois ; sans loi il régnerait un climat de chaos et d'anarchie il est donc un canaliser en vu d'éviter que certaines différences ne soient source de destruction ou de conflit. Les bons citoyens participent au processus de désignation des hommes de lois (les députes) qui votent et établissent les lois pour eux.

Un bon citoyen est toute personne qui respecte et obéit aux lois du territoire même si les autres n'en font pas autant. Les autres droits et devoirs du citoyen en vers l'état inclus ; traverser la route au passage clouté, marcher sur le trottoir. Jeter les peaux de banane ou d'arachide ou uriner dans la rue sont les attitudes rétrogrades que les citoyens doivent bannir. Ces derniers doivent servir comme servant et non comme patron et doivent utiliser avec parcimonie les ressources étatiques telles que l'électricité et l'eau. Ils se doivent également de servir dans l'armé pour protéger la nation des agressions étrangères en période de guerre. Tout bon citoyen doit développer et accroitre la qualité de vie en société par leur comportement et attitude. C'est aussi leur devoir d'aider la police dans la chasse aux criminelles.

LECON3 ; ETHIQUE DEONTOLOGIE ET PROFESSIONNALISME

Plan du cour et objectif ;

Cette leçon apprendra à l'étudiant la définition de base, des concepts et connaissance sur l'éthique la déontologie le professionnalisme et moralité. A la fin de cette leçon ce dernier sera capable de ;

- Définir éthique, déontologie et professionnalisme
- Tracer l'origine et l'évolution de ces concepts
- Répondre aux questions de la leçon.

Section1 ; compréhension du mot éthique

- source de l'éthique
- évolution de l'éthique

section2 ; moralité, éthique et loi

section3 ; déontologie, éthique professionnelle et professionnalisme

Section1 ; comprendre éthique

Ce mot à une relation avec le caractère, la manière, le comportement et la morale. C'est l'ensemble des croyances qui contrôle le comportement basé sur le moral. En d'autres mots c'est la science de la morale. C'est un ensemble des règles, de principes et de codes de conduite reconnu dans une profession donnée ou accepté par un groupe. Il régule les comportements, la relation entre les citoyens. Chaque métier possède un code d'éthique qui gouverne le comportement de ces membres. C'est pourquoi les échanges entre collègues et le public doit être régulé. L'éthique a plusieurs domaines d'application tels que le journalisme, la banque, la gestion, la médecine ; ceux-ci entrainent des expressions telles que éthique médical, éthique religieux, et bien d'autres. Il existe trois principaux fondements d'éthique qu'ils sont important d'étudier.

Les fondements de l'éthique

La théorie divine de l'éthique.

Cette théorie soutient que l'éthique vient de Dieu. Cette théorie soutient que Dieu est saint, bon, miséricordieux et que, ces attributs doivent se manifester en ses créatures en leur vécu quotidien. Dieu possède certain attributs et il a crée l'homme à son image et sa ressemblance et l'homme devrait posséder toutes ces qualités. Les dix commandements donnés aux Israéliens par Moise, fournissent des prescriptions

La théorie de la forme : cette pensé est plus soutenu par les philosophes qui s'opposent à la théorie divine de l'éthique. Parmi ces philosophes Platon qui pense qu'il ya un corps autonome outre celui de DIEU qui est la source absolu de l'éthique La moralité n'a jamais été révélé a l'homme c'est la raison pour la quelle, personne ne peut être sure d'atteindre la moralité absolu.

La révolution : cette dernière pense que l'éthique est relative.

Stimulant qu'il n'y a aucune moralité absolu puisse que toute éthique est relative a la circonstance, population et culture. Toute fois ce point de vu est très critique car cela implique qu'il n'y a aucune éthique. Au vu du temps, l'éthique a évolué grâce aux différentes contributions de plusieurs et école de pensé comme nous le verrons ci-dessous.

L'évolution de l'éthique.

L'éthique est une branche de la philosophie et est une science qui étudie la moralité et a participer à plusieurs développements l'effondrement de l'éthique se retrouve dans la civilisation grec antique jusqu'à la période de la reformation. Les pères fondateurs qui ont propagé la notion d'éthique sont les sophistes qui étaient en désaccord avec les valeurs morales qui existaient entre les aristocrates grecs ils insistaient sur la légalisation de ce qui doit être bon ou mauvais ainsi, en cette civilisation ancienne il existait des écoles à l'instant de celle de Platon qui contribua au développement des domaines de l'éthique. Selon lui la réalité véritable était déterminer par la forme et le bien étant le plus haut de toutes les formes d'existences en société. Alor, Platon considéra la bonté comme la plus grande des vertus ou un idéale à être promu. Aristote est Un autre philosophe qui contribua au développement de **l'éthique.** Aristote est considéré comme un des plus grands matérialistes selon lui et d'autres naturalistes notre intuition ou notre but innervant nous définissent ce qui est bien.

Ils croient que notre conscience ou notre ego (selon Sigmund Freud) est la faculté naturelle qui nous apporte un jugement de ce qui est bien ou mauvais. Certains naturalistes pensent que les lois naturelles proviennent des lois divines puisque l'homme partage avec DIEU un peu de sa faculté de jugement.

D'autres philosophes qui ont contribué au domaine de l'éthique sont les épicuriens ils soutiennent qu'en sécurisant que tu aies une vie plaisante est ce qu'il considère comme bonne morale dans la vie. Ils considèrent le plaisir comme étant la fin ultime. les épicuriens ne supportent pas la vertu comme un but en lui-même.

Les points de vu des épicuriens furent largement en désaccord avec les stoïques. La philosophie stoïcienne fut fondée par Zeno. Les stoïciens procèdent assé de lois naturelle et argumentent que tout se passe en accord avec la loi naturelle .ils croient également que la vertu (ou ce qui est moralement correct) est une sorte de conscience essentielle au bonheur. les philosophes chrétiens ont également contribuer au domaine de l'éthique. La principale parmi eux fut augustine Aquinas qui a également fait part à la loi naturelle. Pour lui, DIEU est en contact avec des êtres humain. Pour lui la loi naturelle fait partit de la loi eternel.

Les pensées de Moose Brunder sur la moralité et le comportement humain sont filles de celles de Aquinas. Moose est le maitre de l'éthique contemporaine selon lui, la loi naturelle est la loi éternelle de Dieu qui est ancrée dans le cœur humain et traduite ou enfermé par la conscience. Pour lui si nous obéissons à la loi naturelle (qui est aussi(la loi divine) nous vivrons une vie de paix et bonheur sur terre.il existe une forte relation entre moralité, loi et éthique.

Section 2 ; les relations moralité, loi et éthique.

De prime abord ces trois concepts sont semblable mais parfois sont totalement, différents ils partagent des similitudes et des différences. Leurs buts est de construire une société de paix.

La moralité : en elle-même, elle est une notion ou une théorie du droit et du bon. C'est un moyen standard mit en place pour contrôler et diriger le comportement moral. La moralité est une situation idéale. Dans plusieurs communautés ce standard est appris aux enfants dès leur plus jeunes ages.les instructions telles que « ne pas mentir à ses parents», « ne pas voler ses amis », ne pas tuer », ne pas offenser ses proches » tous ceux-ci sont des lois adoptées par la famille, l'église, les autres autorités morales pour inculquer la moralité aux enfants. Dans d'autres communautés, ce genre de règle sont considérées comme standards acceptés même si ils ne sont pas tous appliqués. C'est à travers ces standards que nos discours, comportement, ou nos actions sont jugées bonne ou mauvaise.

La loi ; les lois sont mes règles par lesquelles une société est administrée. Elles sont l'une des moyens par lesquelles les points de vue différents et les conflits d'intérêts des membres de la société sont gérés en vue d'assurer un climat de paix dans la communauté. Ils existent plusieurs types de loi à l'instar de ; la loi divine qui vient d'un être surnaturel (Dieu) appliqué par les croyant. Très proche de ce dernier la loi naturelle qui également drive de la loi divine.la loi commune ou la justice restauratrice est une loi qui promeut l'équité et la justice à tous ces membres dans une société données.

L'éthique ; il est tridimensionnel. D'un, il est la notion du bon et ou mauvais comportement. C'est la moralité de base pour tous les membres d'une société. Ensuite, nous avons l'éthique comme une discipline ou une science de la moralité et également une branche de la philosophie. Enfin, elle est un catalogue spécial des valeurs ou principes décents et acceptables auxquelles les membres d'un groupe, organisation, ou profession doivent s'y cramponner. C'est de cette dernière que l'éthique professionnel (qui est l'éthique relié à certain métier tel l'enseignement la loi etc.) est développé.

La loi est similaire à l'éthique en ce qu'ils tire leur origine de la divinité(confère la forme de la théorie divine et la loi divine) et montrent un comportement bien défini qui s'applique à un groupe de personnes. Cependant il ya une différence du fait que certaines lois peuvent être mauvaises ou immorale tandis qu'il n'y a pas de mauvaise éthique.

L'éthique débute ou la loi s'arrête.

D'autre par, l'éthique est très proche de la moralité donnée. Cette partie de l(éthique constitue de manière générale ce qui est considéré comme moralité ordinaire. Bien que l'éthique professionnel (éthique reliée à une profession) semble différe un tout petit peu de la moralité ordinaire, tous les éthiques professionnels contiennent la moralité ordinaire puisque tous les métiers promeuvent les vertus telles que l'honnêteté é, équité, le respect, et ont des indications telles que ne pas commettre des meurtres, des vols, ou des duperies. Un grand niveau de moralité et d'éthique peut être observé dans la déontologie, l'éthique professionnel et le professionnalisme.

Section 3 : déontologie, éthique professionnelle et professionnalisme

L'éthique professionnelle est un ensemble de valeur et de principe développés au fur des années par une profession donnée, ayant un champ déterminé d'application (une juridiction) et de pouvoir (autorités) pour réduire, évaluer, amender ou supprimer son existence. Ceci implique que l'éthique professionnelle est sujette à des changements, modifications, ou accroissements. Les principes de conduite d'un métier particulier ont ses traits spécifiques qui ne peuvent que s'y appliquer. Mes ces traits ne peuvent jamais être en désaccord avec la moralité quotidienne puisque l'éthique professionnelle est simplement un code additionnel d'un métier particulier s'ajoutant à la moralité ordinaire. Alors l'on peut dont définir l'éthique professionnelle comme une moralité quotidienne et ordinaire s'ajoutant au code de conduite d'un métier donnée. Par exemple la moralité quotidienne telle que ne pas voler, tuer et berner en plus des sources véritables des informations nous donne l'éthique journalistique. Les codes ou moyens de pensée d'une profession spécifique qui a été ajouté à la moralité ordinaire nous conduit à l'éthique professionnelle du métier. Dans la même lancé nous avons la déontologie.

La déontologie traite également du code de conduite et est aussi en relation avec l'éthique professionnelle. Étymologiquement elle se compose des mots grecs *deon* qui signifie devoir et *logos* science. La déontologie est dont la science du devoir. Elle se bat à accomplir les devoirs et obligations morales en essayant de trouver un compromis lorsque il existe un conflit.

Le commandement divin : il stipule qu'une action est correcte quand elle sied en conformité avec les lois, les devoirs et les obligations institués par Dieu.

Les théories divines ; elles stipulent qu'une action est sanctionné s'il va en accord avec la liste de devoirs et obligations.

Les théories de droits ; ils impliquent qu'un individu est libre peut poser n'importe quel acte dans la mesure où il n'entrave pas aux droits des autres. En d'autres mots une action est moralement correcte si elle respecte les droits de ces compatriotes.

Le contractarisme : il propose qu'une action est jugée correcte si elle respecte les règles que les individus accepteront ou observeront avant la signature de contrat ou relation sociale.

Professionnalisme

À l'entente de professionnalisme, l'on peut de prime abord à une formation d'un commerce particulier. L'on n'est souvent tenté de croire que c'est quand obtient son diplôme d'une école professionnelle. L'erreur la plus commune à-propos du professionnalisme est que les payements par cheque spécialismes les services bien rémunéré signifie que la personne payé pour de telle services est un professionnel. Les attestations de formation, payement du salaire constitue une partie de ce que l'on appelle professionnalisme mais elles ne rendent pas professionnel. On peut avoir ces attributs sans être professionnel. Le professionnalisme est défini comme l'attitude ou l'approche correcte. Il sur passe les concepts énoncés plus haut et est la façon dont une personne entrainée se comporte avec ses collègues, ou les autres membres de la société.

Il s'accompagne de courtoisie, politesse, amitié et bien venu. Les mots comme « je suis désolé » « merci » « j'apprécie cela » « s'il te plait je ne t'ais compris » ce sont les attributs qui promettent le professionnalisme. Le professionnalisme signifie également avoir l'approche correcte en publique en ce qui concerne les discours, plaidoyer et les pressions. En quelques mots c'est la façon dont une personne évite et résous les conflits et les différences au travail.

Un véritable professionnel doit aimer le travail surtout aimer ce qui est bien fait, son métier et être fière de cela. Le professionnalisme signifie également avoir une bonne maitrise de son domaine ce qui entraine une gade et large connaissance d'un domaine en particulier acquis le plus souvent ans une institution durant une période de formation et d'expérimentation dans un service (la formation professionnel).

La plus part des élèves des écoles de formation professionnel ont généralement une période de stage au moyen du quel leur futur collègue ,leur incluent les connaissances nécessaire pour ce travail les séminaires, les ateliers, et les conférences sur un métier sont aussi des moyens autonome d'enrichissement à sa formation professionnel. Certaine structure organisent des séances d'actualisation pour leurs employés en vu d'accroitre leurs connaissances et expériences une large gamme de connaissance dans tous les domaines est disponible dans les cyber café (internet). (Pour ample connaissances confère professionnalisme et éthique, un curriculum génératif de bamae Nsamenang.)

Un véritable professionnel se reconnait à travers de ses réalisations avec ses collègues et d'autres parties pressante.

En d'autres mots, il doit être capable de respecter le code de l'éthique. Tous les métiers ont un code qui est un standard écrit et non écrit définissant les relations entre collègue et spécialement celle avec le publique. Chaque métier doit suivre plusieurs processus avant d'avoir un véritable statut professionnel. Ces processus impliquent les théories suivante : la systématique, l'autorité, sanction : code d'éthique et de culture. Bien que tous les métiers doivent avoir leur propre code d'éthique il ya des généralistes qui vont avec chaque métier ainsi le professionnalisme doit être pratique en son sens réel.

Code d'éthique :

Toutes les personnes doivent avoir des bases d'éthique qui inclut :

L'honnêteté : un véritable professionnel se doit d'être honnête et être intègre c'est-à-dire ce qu'il pense et pense ce qu'il dit tenir ses promesses, être loyal avec sa famille, organisation et son pays. Il ne doit pas avoir deux vies prives et publique ce qui est privé doit également être publique à lui l'on a une confiance total puisqu'il est la société entière.

L'impartialité : c'est la faculté d'agir honnêtement et sans aucun préjuger des membres d'un même métier et du publique un véritable professionnel ne juge jamais les autres en fonction de leurs ethnique.il est neutre et par cette neutralité résous facilement les conflits.

Indépendant, il doit travailler sans pouvoir être influencé négativement comme un penseur, il peut suivre les autres mais rendre son jugement et ses décisions sans influence des circonstances, situation extérieur et ce que les autres feront qui n'est pas en étroite ligne avec son éthique professionnel.

Les compétences : le véritable professionnel exhibe une grande maitrise de son domaine il est plus ou moins une grande autorité et jamais n'atteindra le paroxysme de la connaissance dans son domaine et ne refuse pas de demander de l'aide quand il est bloquer. Un véritable professionnel n'accepte jamais un travail sachant qu'il n'a pas la connaissance requise.

LEÇON QUATRE: LE PROBLÈME DE L'ENVIRONEMENT

Objectifs du cours et plan

a)Objectifs

Cette leçon donnera aux élèves une certaine connaissance de l'environnement en général et le changement climatique en particulier. Elle retracera l'origine du changement climatique, ses causes, ses effets et des mesures internationales prises pour atténuer les effets du changement climatique. Il est entendu que par la prise des soins adéquats pour l'environnement, les citoyens construisent leur positivel nations): ". Après avoir étudié les éléments contenus dans cette leçon, l'élève sera capable de:

- Définir le changement climatique
- retracé l'origine du changement climatique
-    Identifier des actions mondiales prises pour réduire le changement climatique ou le réchauffement planétaire.

b) Plan

Première partie: Compréhension de l'environnement

~ Le concept de l'Environnement

~ protection de l'environnement

Section deux: Comprendre les changements climatiques

~ Origine de la notion de changement climatique

~ Quelques notions sur le changement climatique

Trois: Global Action prises pour atténuer les changements climatiques: De Stockholm à Copenhague
Conférence de Stockholm

~Rapport Brundtland

~ Le Sommet de la Terre
~ Le Protocole de Kyoto

Conférence de Copenhague

Compréhension de l'environnement
Le problème de la dégradation de l'environnement est devenue un important sujet de discussion dans les plates-formes nationales et internationales. Dégradation de l'environnement a des répercussions profondes sur la vie de l'homme. Par conséquent débats monde et les relations internationales sont maintenant centrées sur les questions environnementales.
Environnement physique est tout ce qui se trouve autour de nous qui a un effet sur les croyances de l'homme, l'écologie, air, eau, sol, végétation, champs agricoles, la pêche et de chasse. L'environnement contribue à notre vie socio-économique, politique et culturel.

Depuis notre environnement nous concerne, il ya un grand besoin de développer une attitude sensibilisation à l'environnement. C'est parce qu'il existe un lien étroit entre l'environnement et les conflits et autres problèmes qui se posent au monde comme la pénurie alimentaire. Éducation à l'environnement sera un instrument efficace pour créer une attitude positive et amicale envers l'environnement.

Nous pouvons développer une attitude respectueuse de l'environnement en sensibilisant les autres ainsi que s'engager dans des activités qui seront prévenir la dégradation de l'environnement. C'est, activités qui contribueront à la réhabilitation de l'écosystème. Avant d'examiner les mesures prises pour protéger notre environnement, nous allons tout d'abord examiner quelques-uns des risques pour l'environnement ou du monde dans le quel nous vivons.

Grandes menaces environnementales

Les principales menaces environnementales · les pluies acides et la pollution atmosphérique, la déforestation, la dégradation des terres et la désertification, la dégradation de l'eau douce et les pénuries, les polluants toxiques, appauvrissement de la diversité biologique et l'excès d'azote. Nous allons les traiter ci-dessous.

i) les pluies acides et la pollution atmosphérique Les pluies acides et la pollution atmosphérique résulte du fait que l'atmosphère exerce habituellement de nombreux polluants atmosphériques loin (objets qui polluent l'air) des centaines de miles dans l'atmosphère. Lorsque ces particules sont dans l'atmosphère, ils se mélangent avec d'autres substances dans l'air comme l'humidité, le soleil et le rejet de substances autres comme l'oxyde de soufre et d'azote provenant des centrales électriques qui brûlent du charbon pour produire de l'électricité. De plus, ces substances sont libérées quand les voitures brûlent du carburant ou d'essence. Lorsque cela se produit, il ya une transformation chimique qui se produit et il ya la production d'acides sulfurique et nitrique. Ces acides, puis revenir à la terre sous forme de pluie. C'est pour cette raison qu'il est appelé acide ram.

Les pluies acides ont plusieurs conséquences négatives sur notre environnement. D'abord, il a un impact négatif sur les bâtiments et les métaux exposés comme il les mange au fil du temps. Il a également plusieurs effets négatifs sur l'environnement naturel. Il pollue les rivières et les lacs et détruit la vie aquatique en particulier les poissons et autres plantes aquatiques. Il pollue aussi l'eau qui peut être utilisé par l'homme et les animaux pour boire. Plusieurs lacs se sont totalement asséché en raison des pluies acides. Les économies d'énergie en regardant la façon dont nous conduisons nos voitures peuvent aider les pluies acides a s'arrêter.

ii) appauvrissement de l'ozone)

La couche d'ozone est la couche de gaz qui se trouve juste au-dessus de l'air que nous respirons. Ce gaz sert comme d'un bouclier, empêchant la partie des rayons de la somme qui sont nuisibles à l'humanité d'atteindre la terre. Au fil des ans, l'utilisation des chlorofluorocarbones (CFC) dans les réfrigérateurs, par des extincteurs, de climatisation et de la mousse en plastique a commencé à endommager la couche d'ozone et une menace pour l'homme et l'environnement que les rayons ultraviolets nocifs atteignent désormais la terre à la suite de l'appauvrissement de la couche d'ozone.

iii) La déforestation

C'est une autre menace majeure. à l'environnement. Plus que jamais, le monde perd de plus en plus de ses réserves forestières. Plus des trois quarts des réserves forestières ont été utilisés. Ces forêts ont été abattues à des fins agricoles et pour d'autres raisons industrielles et commerciales. Certaines de ces forêts a pris des centaines d'années à se développer et le détournement et l'abus de la forêt par les compagnies forestières avec le respect de certains régimes met en danger l'environnement et causant ainsi de graves problèmes tant pour l'environnement et de l'humanité. Aussi, au nom du développement, certains des ";! réserves forestières e ont été détruits dans le processus de la construction de barrages, les routes et les ponts, les écoles et les hôpitaux.

iv) la dégradation des terres et la désertification C'est une autre menace pour l'environnement. Une plus grande part (environ un quart) de la surface de la terre est utilisée pour des activités qui ont tendance à abuser de la terre. Ces activités sont la production des cultures et des pâturages. Ces activités ont conduit à la dégradation des terres dans certaines régions du monde. Dans certains cas, la dégradation des terres a conduit à la désertification. Par conséquent, les principales causes de la désertification sont des schémas d'irrigation surexploitation des terres, le surpâturage et les pauvres. Aussi la croissance démographique et les migrations sont un autre facteur ~ qui tiennent compte de la dégradation des terres et la désertification. La réalité de la désertification peut être observée dans la réduction de la surface de l'eau, la misère de la végétation du paysage et l'érosion des sols anormalement élevé. Les effets de la dégradation des terres et la désertification englobent la production alimentaire pauvres, la possibilité de la famine et la sécheresse, la perte de la biodiversité et parfois des conflits ou des troubles sociaux.

v) d'eau douce et la dégradation des pénuries Les effets des activités humaines sur le système d'eau traversent le globe sont dévastatrices. L'homme continue de mettre davantage la demande sur le réseau d'eau de la construction de nouveaux barrages, digues, dérivations, de chenal et les autres modifications apportées sur les rivières pour garantir l'accès à l'eau douce affecter négativement l'écosystème, les effets de ces activités sur les plans d'eau sont énorme. Tout d'abord, elle affecte la vie aquatique et les forêts des zones humides. Les pénuries d'eau ne cessent d'augmenter à un rythme alarmant, ce qui manque d'eau douce l'un des principaux problèmes pressants dans le monde d'aujourd'hui. Les effets de l'eau douce à travers le monde sont variés et étendus. A partir de la mortalité infantile à la mauvaise santé, pénurie d'eau douce est un obstacle au développement industriel et agricole. Ajout de cette espèce est la perte et la perte de ces produits aquatiques comme les poissons.

vi) des pêches maritimes

le déclin de poisson joue un rôle important dans la vie de plusieurs personnes à travers le monde. Il est la principale source de protéines pour plus de la moitié de la population en Asie. En outre, environ un cinquième de la population mondiale tire son protéines du poisson. Il s'agit d'une activité économique importante dans certains pays comme le Japon. Tant dans la haute mer et dans la surpêche des frontières nationales est devenue l'une des principales menaces pour l'environnement. Pollution des eaux de ruissellement et de limon ont également conduit à la destruction des mangroves et des zones humides côtières, ce qui a 'également contribué. à diminuer la pêche maritime. La réduction de la diversité des poissons dans la mer a affaibli la force de l'écosystème à résister. Certains changements. Environnementaux comme le réchauffement climatique.

vii) la perte de la diversité biologique

La diversité biologique ou biodiversité se réfère principalement à la diversité génétique au sein d'une espèce donnée, des millions de cours individuels (types) des plantes, des animaux et des micro-organismes et, enfin, les différents types d'écosystèmes comme la toundra alpine, bas-fonds de feuillus du sud ou forêts tropicales humides.

Une grande partie de la biodiversité mondiale est concentrée dans certains secteurs en particulier dans les tropiques. Sur les tropiques, d'autres domaines qui contiennent de la biodiversité ont fini par être connu sous le nom. «points chauds». La biodiversité est d'une importance primordiale à «l'humanité. I ~ fait vivre possible en ce qu'il facilite le processus de pollinisation des plantes, la purification de l'eau de l'air, la régulation du climat, la sécheresse et les inondations. Les produits commerciaux comme le caoutchouc, l'huile, produits chimiques, les plantes, les noix, le miel et les fruits proviennent tous de la biodiversité. Dans cette même optique, un tiers de tous les médicaments sont des produits de la nature.

L'augmentation considérable de la perte de la biodiversité

a fait l'une des plus grandes menaces environnementales. Scientifiques de l'environnement-dire la perte espèce est mille fois plus élevé que le taux normal d'extinction les espèces. La perte de la biodiversité peut être tracée et liée à plusieurs facteurs. A propos de quinze pour cent des espèces forestières ont été perdus à la suite de la perte d'environ la moitié de la forêt tropicale. Les produits chimiques toxiques et les pluies acides ont également grandement contribué à la perte de biodiversité. Aussi le changement climatique a de plusieurs façons contribué au changement climatique. L'augmentation récente des températures ont eu un impact négatif sur certaines espèces et ont une incidence sur leur taux normal d'extinction.

Il ya donc un grand besoin de réduire les pertes biologiques que l'homme sera toujours tributaires de la biodiversité pour sa survie. Certaines espèces sont pratiquement anéanties et il est fort peu probable que ces espèces peuvent être récupérées. D'autres espèces sont rapidement anéantis par la surface de la terre. Ces espèces menacées besoin d'une protection à la fois des êtres humains et d'autres dangers naturels.

vii) le climat

Le changement est le changement de température et autres conditions météorologiques comme les modèles de précipitations et le vent. Il est également appelé à la distribution en numérique ou les changements météorologiques sur une longue période de temps, c'est-à-évolution des conditions météorologiques, souvent des décennies à des millions d'années. Le changement climatique peut également être appelé par les changements climatiques modem. Le changement climatique peut être vu dans la perspective d'une région spécifique, qui est, le changement peut se produire dans une région spécifique ou peut être vu dans une perspective globale. Autrement dit, le

changement climatique peut être vu à travers le monde.
Le phénomène du changement climatique est aussi vieille que l'homme lui-même. Preuve du changement climatique peuvent être retrouvées dans les sites archéologiques et l'histoire orale. Également le changement climatique dans le passé pourrait être vu dans la migration et de règlement. C'est, un groupe de personnes ont été forcées de se déplacer en raison du changement des conditions climatiques. Le changement climatique a également été l'un des facteurs de la chute des grands empires et des grandes civilisations. Cependant, nous devons réaliser que plus le passé cent années, la température de la terre qui ont été constante sur une période de mille années ont augmenté de 0,5 degré Celsius (centigrade). Ce grand changement est le résultat de l'augmentation de l'industrialisation qui a entraîné l'émission de grandes quantités de gaz à effet de serre dans l'atmosphère.

Gaz à effet de serre sont des gaz dans l'atmosphère qui absorbent et émettent un rayonnement (ils peuvent aussi être · visées à l'énergie qui est rayonnée ou transmis sous forme de rayons ou des ondes ou particules) Certains de ces gaz sont le dioxyde de carbone, la vapeur d'eau, méthane, oxyde nitreux, l'ozone et les chlorofluorocarbones. Ces gaz empêchent la fuite de chaleur de la terre et, par conséquent, il est l'élévation des températures ou de ce qu'on appelle souvent le réchauffement planétaire.

La planète se réchauffe et plus chaud en raison de la libération de dioxyde de carbone et autres gaz en l'atmosphère. Les émissions de dioxyde de carbone en grande quantité est un produit de plus en plus industrielle. et les processus commerciaux. Les principales causes de réchauffement de la planète ou les changements climatiques sont l'industrialisation et la déforestation.

Les activités industrielles qui impliquent la combustion du pétrole, le charbon et le bois sont quelques-unes des principales causes du réchauffement climatique. Aussi les émissions de gaz à partir de l'utilisation de carburant par les voitures est un autre. principale cause du changement climatique. Une autre cause du réchauffement climatique est la déforestation. La destruction de la végétation par l'action humaine empêche l'élimination du dioxyde de carbone provenant de. l'atmosphère.. Par conséquent, une grande quantité de dioxyde de carbone est peur m dans l'atmosphère. Ces hausses de température affectent. activités agricoles et, par conséquent négativement la production alimentaire.

Section première: la protection de l'environnement

La question de la protection de l'environnement est devenue un problème que la dégradation de l'environnement affecte le monde entier. Des mesures sont donc prises par tout le monde sur cette planète pour résoudre le problème. La gérance environnementale est donc la préoccupation
pour tous.

En Juin 1992, il y avait une conférence internationale à Rio de Janeiro au Brésil connue comme le Sommet de la Terre. Cette conférence a délégués de presque tous les pays dans le monde. Il y avait cette conviction que le monde était confronté à un danger commun, qui est, la dégradation environnementale causée par le réchauffement climatique et que, il était dans l'intérêt de tout le monde à s'unir pour lutter contre les crises. Cette conférence

a marqué une époque importante dans la politique mondiale comme le nouvel ordre mondial est maintenant sur l'environnement. Débats du monde à la fois entre les puissances mondiales et les économies émergentes ont été axées sur l'environnement. Le réchauffement planétaire et le changement climatique qui sont des produits des activités de l'homme sur la planète Terre est devenu un mot à la mode trouve sur la radio, la télévision, les papiers nouvelles, des ateliers, des conférences et des débats nationaux et internationaux. Pour comprendre les activités de l'homme sur l'environnement et comparer des solutions pour lutter contre les effets déjà existants, une définition de certains concepts clés est nécessaire.

Puits de Carbone Un puits de carbone est un bassin ou un réservoir qui peut se retirer et de stocker quelques composés chimiques qui contiennent du carbone qui a été émis dans l'air pour une période de temps imprécis. Le dioxyde de carbone qui a été émis dans l'air peut donc être enlevé. Ce réservoir peut être naturel ou anthropique. Des exemples de réservoirs de l'environnement ou de puits de carbone sont les forêts et les océans qui absorbent le dioxyde de carbone et de magasins.

Section deux: Manifestations et effets du changement climatique

le changement climatique est manifeste de plusieurs façons et son impact dans différentes parties du monde est varié en fonction de l'écologie de ces différentes parties. Bien que les pays développés et en développement ont contribué au changement climatique, la lattar souffrent le plus si elles ont le moins contribué. Cela justifie la nécessité pour la justice climatique. (Voir la justice climatique en dessous de): Certaines des manifestations du changement climatique peut être vu? Dans le domaine de l'agriculture. La hausse des températures affecte l'agriculture et, donc, les rendements sur les pauvres. Cela a également conduit à la hausse des prix des denrées alimentaires et la famine dans certaines zones dans d'autres. Le changement climatique a également eu un effet négatif sur les établissements humains ~. C'est parce que le changement climatique a provoqué une hausse du niveau de la mer et a touché en particulier autour de règlement dans les régions côtières.

Niveau de la mer devrait continuer de croître, les pays comme les Maldives risquent d'être complètement anéanti. Le changement climatique a aussi conduit à une augmentation de la transmission des maladies. Certains grands fleuves ont également tari en raison du changement climatique. Plus de cela, il ya des inondations dévastatrices, l'érosion des sols et la désertification. Lacs, comme le lac Tchad dans le Bassin du Congo risque d'être éteinte si les tendances du changement climatique ne sont pas vérifiées.

Chapitre trois: Action mondiale de lutte contre le changement climatique:
De Stockholm à Copenhague

Bien que les changements importants dans le climat peut être tracée quelque cent années en arrière, une action mondiale pour atténuer ce changement est encore assez récente. La lutte contre le changement climatique va de la réduction des émissions de gaz à effet de serre (atténuation du changement climatique) à des moyens différents d'adaptation pour faire face aux effets du changement climatique. D'action mondial pour vérifier le changement climatique pourrait être vu dans «la Conférence de

Stockholm, le rapport Brundtland, le Sommet de la Terre de 1992 et l'adoption de la Convention Cadre des Nations Unies sur les changements climatiques (CCNUCC), le Protocole de Kyoto et la Conférence en

Copenhague en Décembre 2009:

La Conférence de Stockholm La première réunion internationale pour discuter de questions relatives à l'environnement a été la Conférence des Nations Unies sur l'environnement humain tenue en 1972 à Stockholm, en Suède. Dégradation de l'environnement vu dans les pays développés après la Seconde Guerre mondiale, la nécessité des pays en développement de se rencontrer avec leur objectif de développement à tout prix après accession à l'indépendance (de façon à rattraper les nations les plus riches) et la mission Apollo 8 de lala lune en 1986 que «a été l'occasion pour que la terre vue de l'espace ont été quelques-uns des facteurs qui ont nécessité plusieurs cette conférence qui se tiendra. Débats qui a suscité au cours de cette conférence sur les questions environnementales ont été entre le Nord et le Sud, de l'environnement contre le développement, la pollution des pays riches contre la dégradation des pays pauvres. Dans tous les 144 pays étaient représentés à la conférence dont 134 organisations non gouvernementales. La conférence a jeté les bases de plusieurs autres actions à mener contre la dégradation de l'environnement

Premièrement, elle conduit à la Déclaration de Stockholm, composé de 26 principes directeurs pour régir le comportement de l'environnement. Il a également. conduit à la création du Programme des Nations Unies pour l'environnement (PNUE) à un organisme au sein du système des Nations Unies chargé de la responsabilité de l'action environnementale. Ministères de l'environnement et les ministères ont été créés après Stockholm à Carter pour les préoccupations environnementales au sein de l'État dans plusieurs pays. C'est après la conférence de Stockholm que les principes du domaine de droit de l'environnement ont été considérablement développées et améliorées.

Le Rapport Brundtland Une autre tentative pour vérifier les effets de dégradation de l'environnement peut être retracée dans le rapport séminal de la Commission mondiale sur l'environnement et le développement de 1987. La commission était présidée par le Premier ministre norvégien, Gro Harlem Brundtland. Le rapport de cette commission est venu à être appelé le Rapport Brundtland. En d'autres termes dénommé Our Common Future, le rapport appelle les dirigeants du monde et les parties prenantes de définir la politique mondiale basée sur l'environnement et le développement durable. Autrement dit, les efforts devraient être faits pour protéger l'environnement maintenant et pour la postérité. En d'autres termes qu'il devrait y avoir un lien entre l'environnement et le développement.

Il était de ce rapport que la définition et la notion de développement durable a été nés. Dans ce rapport de développement durable a été défini comme. Développement qui répond aux besoins du présent sans compromettre la capacité des générations futures à satisfaire. leurs propres besoins. C'est autour de la notion de développement sustamable qu'une autre action d'envergure mondiale a été prises pour vérifier le changement climatique en 1992 lors du Sommet de la Terre.

Sommet de la Terre Le Sommet de la Terre a été les États-Unis actions Conférence sur l'environnement (CNUED) qui a eu lieu m Rio de Janeiro en 1992. La conférence a porté sur;

a) Priorités de croissance reformulation autour d'un programme environnement et

b) Redéfinir et le renforcement des relations bilatérales et multilatérales de soutenir les programmes de développement visant à relever sustamable

de développement.

La conférence a abouti à l '«adoption de la Convention Cadre des Nations Unies sur les changements climatiques (CCNUCC). La convention a jeté les bases pour la première action concrète prises pour lutter contre le réchauffement climatique que les options sur la façon dont le réchauffement climatique pourrait être combattue ont été recherchées. Cette convention a été suivie par le

Protocole de Kyoto.

Le Protocole de Kyoto Ce fut un traité climatique qui a été signé en Décembre 1997 à Kyoto, au Japon et est entré en vigueur au 16e Février 2005. Cent quatre vingt quatre pays ont signé et ratifié la Convention avant les conférences sur le changement climatique de Copenhague en m Décembre l? 2009. La conférence visait à fixer des buts et des objectifs contraignants pour réduire les émissions de gaz vert. Cependant l'un des handicaps du Protocole de Kyoto a été que les États-Unis ont refusé de ratifier la convention en raison des effets de ces engagements aurait sur l'économie nationale et aussi parce qu'elle doutait de l'engagement des économies en croissance comme la Chine et l'Inde.

La Conférence de Copenhague à Copenhague, Danemark à partir de Décembre 7-18, 2009, il a marqué le quinzième session des parties à la Convention-cadre sur les changements climatiques. En tout, environ 8000 personnes ont participé à cette conférence, y compris plus de 170 pays plusieurs ONG et journaliste représentés. Les principales conclusions sont arrivés à de Copenhague a retenu un désir et un objectif de limiter l'augmentation des températures mondiales à 2 degrés Celsius. Les pays développés se sont également engagés lors de la conférence de fournir 30 milliards de dollars entre 2010-2012 et 100 milliards de dollars d'ici 2010 pour permettre aux pays en développement à réduire leurs émissions, préserver les forêts et s'adapter au changement climatique. L'accord de Copenhague qui a résulté de cette conférence a été une continuation de la conférence sur le changement climatique tenue à Bali en 2007. L'accord de Copenhague couvre plusieurs domaines à travers lesquels le changement climatique peut être manipulé. Certains de ces domaines clés comprennent;
Objectif à long terme qui est un accord qui accepte le. point de vue scientifique que s'élève la température globale devrait être inférieure à 2 degrés Celsius.

D'atténuation qui engage développés, en développement et les pays en développement au moins sur leurs diverses responsabilités pour mettre en œuvre les mesures d'atténuation. Etats adaptation que les pays développés doivent fournir les techniques nécessaires, les installations de capacités financières et de capacités nécessaires pour les pays en développement à s'adapter au changement climatique.
Forest Sous forêt, l'accord stipule que «l'établissement immédiat

d'un mécanisme ... pour permettre la mobilisation de ressources financières des pays développés »devrait être mis en place pour appuyer les initiatives et les efforts visant à réduire la déforestation.

Test de fin de la leçon

1. Comment pouvons-nous créer une attitude amicale envers notre environnement?

c. En être sensibilisés à notre environnement

d. En s'engageant dans des activités qui préviendront dégradation de l'environnement

e. Toutes ces réponses

f. Aucune de ces réponses

2. Il est l'augmentation de la température de la planète résultant de l'émission énorme de dioxyde de carbone.

a. Gaz à effet de Green

b. Le réchauffement climatique

c. Le changement climatique

d. Aucune de ces réponses

3. Ce sont des gaz dans l'atmosphère qui absorbent et émettent un rayonnement.

a. Gaz à effet de Green

b. Des gaz toxiques

c. Gaz à effet de Blue

d. Toutes ces réponses

4. La hausse des températures et autres conditions météorologiques comme les modèles de précipitations et le vent

a. Changement de température

b. Le changement climatique

c. Augmentation de la température

d. A et C ne sont correctes

5. Comment pouvons-nous tenir compte des changements climatiques?

g. Augmentation de l'industrialisation

h. Augmentation de la déforestation

i. Toutes ces réponses

j. Une seule

6. Ce qui suit sont quelques-uns des effets du changement climatique, sauf un.

a. faible le rendement agricole

b. Déplacement de règlement

c. Transmission de maladies

d. La baisse du niveau d'éducation

7. Des exemples de réservoirs ou des puits de carbone

a. Forêt

b. Océans

c. A et B sont correctes

d. A n'est correcte

8. En Décembre 2009une conférence avec les délégués du monde pour examiner les stratégies de lutte contre le changement climatique s'est tenue à

a. Copenhague-Danemark

b. Yaoundé-Cameroun

c. Lubango-Angola

d. Afrique Cap-Sud

DEUXIÈME PARTIE : QUESTION DE GOUVERNANCE

OBJECTIF GENERAL

Pour mieux comprendre l'environnement dans lequel on vit et travail, il est important de connaitre le système politique et de gouvernement dans lequel nous évoluons. LA gouvernance est une notion tellement englobant car tout commence et finit avec la gouvernance. De la politique à l'économie, de la laïcité à la religion, du public au privé et de l'informelle au formelle, la gouvernance y est inclus. La maitrise du concept de gouvernance, des formes de gouvernance, des systèmes de gouvernance, et les endroits ou la gouvernance peut s'appliquer, permettra à un citoyen dans un état de participer activement à la prise de décision à travers ses points de vue, ses critiques positives et ses actions dans n'importe quel domaine de la société.

Dans cette partie nous essaieront de définir : gouvernance, bonne gouvernance, certains systèmes politiques de gouvernance, comment la gouvernance peut être appliquée dans une sphère politique (gouvernance dans le processus démocratique, gouvernance dans le processus électoral, gouvernance et la société civile, décentralisation etc.). Nous jetterons également un regard sur les questions telles que la séparation des pouvoirs, et la division du pouvoir. Pour mieux évaluer la gouvernance dans n'importe quel domaine de la vie, il est important de connaitre le concept de gouvernance et de bonne gouvernance. C'est pour cette raison que nous débuterons cette partie avec la notion de bonne gouvernance et les principes ou traits de bonne gouvernance. A partir de ces principes, nous serons capable de faire une évaluation sur la gouvernance dans les pays et plus précisément la gouvernance politique au Cameroun.

LEÇON UNE : GOUVERNANCE ET BONNE GOUVERNANCE

OBJECTIF ET PLAN DU COURS.

L'objectif de ce cours est de permettre à l'étudiant de mieux maitriser certains concepts ayant trait avec la gouvernance et bonne gouvernance. A la fin de cet études, l'étudiant sera capable de :

- ✓ Définir gouvernance, bonne gouvernance et les indicateurs de gouvernances.
- ✓ Faire la différence entre les différents traits de bonne gouvernance.
- ✓ Participer aux débats liés à la bonne gouvernance.

PLAN DU COURS

Section une : comprendre la gouvernance

- ➤ Bonne gouvernance
- ➤ Les indicateurs de bonne gouvernance

Section deux : les caractéristiques de la bonne gouvernance

- ➤ Participation, loi, transparence
- ➤ Equité et inclusion, consensus orienté.
- ➤ sensibilité, effectivité et transparence, responsabilité.

Comprendre la gouvernance

Avez- vous déjà rendu visite à une famille différente du votre ? Avez- vous déjà été dans une communauté, un groupe ou une entreprise ? Que voyez-vous lorsque vous rendez visite à une communauté ? Vous trouverez des gens travaillant sur ordinateurs, d'autres recevant des clients, d'autres donnants des instructions, d'autres recevant des instructions etc. Pendant cette visite, au fur et à mesure que vous évoluez vous verrez plusieurs autres activités. Pourquoi font-ils tous ces activités ? Vous direz surement que c'est parce qu'ils sont payés pour cela ou pour se faire de l'argent,ou parce qu'ils aiment faire cela etc.

 Peut importe la raisons pour laquelle ces activités sont menés ; ils ont but commun celui d'accomplir celui une tache spécifique. Pour donc accomplir cette tache, vous devez choisir la tache et la manière dont vous allé la réaliser. accomplir.(prise de décision). Il faut aussi prendre en considération les différents activités à mener (procédure) ceux qui devront accomplir

la dite tache ou qui seront affectés d'une façon ou d'une autre par l'activité de ceux qui travaillent (actionnaires). Nantis de tous ceci, nous pouvons donc donner une définition très simple de la gouvernance.

Définition La gouvernance, qu'elle soit pratiqué dans une famille, une communauté, un pays etc. est un processus (procédures ou trajet) par lequel les décisions (accords, directives, les lois) sont prise et aussi la façon dont on arrive à cette décision avec ou sans prendre en compte de certains acteurs. Ceci veut tout simplement dire qu'une société peut avoir de bons lois mais qui ne sont pas mises en application. En d'autres termes, la loi peut être bonne mais avoir une mauvaise procédure. Une entité peut avoir de bonnes lois et de bonnes procédures mais sans prendre en compte les intérêts de toutes les parties prenante. Ceci nous conduit à un autre domaine de notre entretient. Bref quels types de gouvernance seraient idéals pour tous ? Celui bien entendu qui est bien.

Qu'est ce que la bonne gouvernance ?

Pour définir bonne gouvernance, il doit avoir une sorte d'harmonie entre la prise de décision ou la gestion, les acteurs ou les participants, la mise en œuvre ou la réalisation. La bonne gouvernance voudrait donc dire qu'il devrait y avoir une excellente coordination dans le processus de prise de décision incluant les différents acteurs et les permettant d'accomplir leurs devoirs. Pour trouver les types de bonne gouvernance en une personne, il serait important de connaitre d'abord les indicateurs de gouvernance.

Les indicateurs de gouvernance

Les indicateurs de gouvernances sont des éléments ou des informations qui indiquent le niveau de quelque chose. Pour tester le niveau de bonne gouvernance dans une communauté on a besoin des indicateurs de bonne gouvernance. Un indicateur est un élément qui montre le niveau ou la position de la gouvernance dans une famille, une institution ou un pays. C'est à base de ces indicateurs qu'on peut qualifier dans une entité comme étant bonne, mauvaise, ou médiocre. Ces indicateurs sont d'une importance capitale pour déterminer la santé d'une entité. Par exemple, les indicateurs de gouvernance dans un pays peuvent être utilisés pour évaluer l'aspect vital dans les zones de système électorales, la situation des droits de l'homme. Les indicateurs de bonne gouvernance peuvent se présenter sous différents traits.

Les éléments pouvant promouvoir la bonne gouvernance.

Que ce soit dans un foyer, un village, une municipalité, ou

dans un pays, la bonne gouvernance a pour but de produire de bons résultats. Pour donc avoir ces bons résultats, un gouvernement les caractéristiques suivantes : la participation, de bonnes lois, la transparence, l'inclusion et l'équité, l'effectivité et l'efficacité. Pour observer ces différents traits, nous devons utiliser plusieurs entités. Le premier élément pouvant mettre en valeur la bonne gouvernance est la participation.

Qu'entendons-nous par participation dans la bonne gouvernance ?

La participation voudrait tout simplement dire que le point de vue de toutes les parties prenantes sont prises en considération. Prenons le cas d'un cadre familiale pour mieux étayer cette participation. M. Samah est marié à une très belle femme d'une région du Cameroun. Ils ont trois enfants ; un garçon et deux filles avec qui ils vivent dans une même maison. M. Samah sa femme et leurs enfants sont les différents membres de la famille. La participation dans le contexte familiale voudrait que, puisque tous les enfants sont grands, pour prendre une décision qui les concerne, le père doit prendre en considération le point de vue de tout le monde. Si le chef de famille décide de ne prendre en considération que le point de vue du garçon, pour une décision qui affect tout le monde, alors, nous ne pouvons pas dire qu'il y a participation dans la famille de M. Samah. L'indicateur ici nous montre que la gouvernance de M. Samah n'est pas bonne du tout. Et la transparence que dire d'elle ?

Transparence

Dans un pays, la transparence voudrait que le point de vue de tous les citoyens soit pris en considération, que ce soit de façon directe ou indirecte. Une gouvernance participative voudrait que tous les citoyens élisent les membres de du parlement ou du congrès ; ceux qui les représenteront à l'assemblé nationale ou au congrès. Le point de vue de certaines personnes peut être représenté par des syndicats. Nous avons par exemple le syndicat des enseignants, des conducteurs etc. l'élément suivant est le respect de la loi.

Le respect de la loi dans la bonne gouvernance.
Dans une entité, les lois doivent être impartiales. Par exemple, dans une micro-finance, le corps dirigeant décide que, pour améliorer la qualité des services offerts aux clients et ainsi réaliser des bénéfices, ils décident que tous les employés doivent être au travail à le matin au plu tard à 7heure. Ils ont aussi convenus que toutes personne qui arrive en retard aura un montant de mille francs en moins débité de son salaire à chaque retard. M. Ndifon et Mme Awa travaillent dans cette entreprise et au cours d'un même mois sont arrivés deux fois en retard.

A la fin du mois moi, découvre qu'il a un montant de 10.000fc en moins dans son salaire et que son rien n'a été soustrait de celui de sa collègue. Et lorsque M. Ndifon veut savoir pourquoi il est le seul à être sanctionné, la caissière lui dit qu'elle a agi selon les instructions de M. Tamfu le directeur. Nous pouvons donc constater que dans cette entreprise, il n'y a pas respect de la loi en vigueur. De même un pays dans lequel certains citoyens sont punis et d'autres acquittés pour la même faute n'applique pas ses lois de façon équitable. Un autre trait de bonne gouvernance qui doit aussi être mentionné est la transparence.

La transparence dans la bonne gouvernance
Dans toutes il n'est pas suffisant de d'avoir de bonnes lois ou d'avoir de bonnes politiques. La prise de décision et les l'établissement des lois doivent suivre une certaine trajectoire. Cela voudrait dire que les informations les décisions prises

doivent articulés de telles sortes que tout le monde puisse comprendre. Le chef Mbah a dirigé Bafutam pendant plus de 30 ans. Bafutam est devenu une ville dans laquelle on retrouve des gens de plusieurs groupes ethniques.

Cependant, les coutumes et traditions de ce village continu d'avoir de l'influence à la fois sur les autochtones et les étrangers. Le conseil traditionnel de ce village est toujours aussi fort. Le chef Mbah avait juste eu une réunion extraordinaire avec son cabinet traditionnel. Ils avaient alors mis en place de nouvelles lois et concernant les habitants de Bafutam. Cependant après la réunion, aucune procédure n'avait été mise en place pour informer tous les villageois. Lorsque l'un des membres du conseil se rendit compte, il envoya un crieur public qui fit le tour du village avec certaines des décisions. La gouvernance du chef Mbah n'était donc pas transparente.

Premièrement, les décisions prises n'avaient pas de réglementation ou procédure pour atteindre tous les villageois et même lorsque certaines de ces décisions ont été mise à la disposition du public, cela était fait en langue locale ce qui signifie que certaines personnes de la communauté pouvaient ne pas comprendre. La bonne gouvernance dans un pays voudrait que le gouvernement mette l'information à la disposition de tout le monde utilisant toutes les voies de communications possible (radio, télévision, la presse etc.) Autre élément de la bonne gouvernance est l'équité et l'inclusion.

L'inclusion dans la bonne gouvernance

Dans toutes organisations, le peuple doit se faire sentir. Personne ne peut être fière si il ou elle se sent mis à l'écart. Chacun a besoin d'une personne sur qui s'accrocher. On a tous besoin d'un support ou la garantie d'une protection. Dans toutes sociétés il existe des personnes ou des groupes faibles. Ces groupes, sont les plus vulnérables et ont donc besoin de protection. Ils aimeraient aussi savoir qu'ils ont une place dans la société dans laquelle ils se trouvent.

L'équité et l'inclusion dans la bonne gouvernance voudrait dire que, tous groupes principalement les plus vulnérables dans une société, sentent qu'ils ont de l'intérêt dans la dite société et que cet intérêt peut être protégé. La bonne gouvernance au Cameroun voudrait que, tous les groupes principalement ceux sans défense comme les femmes, les pygmées, les handicapés etc. sentent qu'ils ont une place dans le pays et qui peut être protégée.

Consensus orienté dans la bonne gouvernance

Dans toutes organisations, les gens ne voient pas les choses de la même façon. En dehors de ceci, les gens n'ont pas les même motivations et intérêts. Parfois ces différentes motivations, intérêts et points de vue peuvent entrer en conflits même pour le bien de cette organisation. Le consensus orienté dans la bonne gouvernance voudrait donc qu'il ait dialogue et échange de point de vue pour arriver à un commun accord pour le bien de tout le monde. Plusieurs pays en Afrique ont plusieurs groupes ethniques ce qui engendre souvent des conflits. La bonne gouvernance dans de tels pays voudrait que, le gouvernement établisse une plateforme peuvent discuter et arrivés à une entente. Avant d'établir la bonne gouvernance en totalité les intérêts des différentes professions doivent être considérés et l'harmonie doit régner parmi les différents groupes de la société civile.

Responsabilité dans la bonne gouvernance

La population de Furukan-kang se sont réveillés un matin et se sont rendu compte qu'un feu de brousse venait de se déclencher à trois kilomètres de leur ville et progressait rapidement vers leur ville. Partout dans la ville, on entendait des gens qui criaient : « quelque chose doit être fait avant que ce feu ne nous atteigne ». On informa le maire de la ville et convoqua directement une réunion avec les leaders de la communauté et tous les habitants. Il leur di qu'il s'est senti très mal lorsqu'il a appris la nouvelle. Exprima sa compassion à tout ceux qui étaient affectés et promis qu'il ferrait tout ce qui est à son pouvoir et avec l'aide du chef de l'Etat pour résoudre le problème. Après ce discours, il s'en alla. Comment trouvez-vous le discours de ce maire et son model de gouvernance ? Nul n'est ce pas ?

La responsabilité va avec l'établissement de la date, heure, le lieu et le délai pour résoudre le problème. La responsabilité dans la bonne gouvernance voudrait qu'une institution, une organisation etc. résolve tous les problèmes de ses membres dans un délai raisonnable. « On verra », « j'ai compris toutes vos doléances », « je prendrai cela en considération » sans date ni délai sont des indicateurs d'une mauvaise gouvernance au niveau de la responsabilité. L'effectivité et l'efficacité sont d'autres éléments de la bonne gouvernance.

L'effectivité et l'efficacité dans la bonne gouvernance

L'effectivité et l'efficacité veut dire que les ressources prévus pour un but soient bien utilisé pour l'atteindre. La bonne gouvernance dans un pays voudrait que le gouvernement utilise les ressources naturelles et humaines pour répondre aux aspirations socio-économiques et politiques de la population. La corruption arrive très souvent parce que les ressources mis en place par le gouvernement sont détournées à des fins personnelles. Dans un pays comme le Cameroun, la bonne gouvernance veut que l'argent des taxes soit utilisé pour construire des routes des hôpitaux, des écoles etc. cela voudrait aussi dire que les revenus des exploitations minières soient utilisés pour résoudre les grands problèmes comme le chaumage. Ce n'est que lorsque les ressources de la nation sont gérées et orientées vers résolution du problème des du peuple que l'on peut parler de bonne gouvernance.

La responsabilité dans la bonne gouvernance

Bien qu'il soit mentionné en dernier, la responsabilité reste l'un des facteurs fondamentaux de la bonne gouvernance. Cela signifie répondre de ces actes. En d'autres termes, les chefs des institutions du pays doivent donner des détails sur la façon dont les ressources ont été gérées lors de la réalisation d'un projet. Une organisation dans laquelle on ne rend compte à personne est une structure autocratique.

Les élections libres et transparentes, la liberté de la presse, la vivacité de la société civile, la création d'emploie, sont la des marque de la bonne gouvernance dans un pays. Mais, la corruption, le détournement des fond publics, la gourmandise, le tribalisme etc. son des preuves d'une mauvaise gouvernance. Dans la section suivante, nous allons parler de la gouvernance à différents niveau de la société.

LEÇON DEUX : GOUVERNANCE POLITIQUE

Objectifs et plan du cours

Cette le a pour but de permettre à l'étudiant connaitre des notions liées à la politique, la science du pouvoir et l'état (science politique). Il est important d'avoir ces connaissances de base parce que l'état demeure la structure qui dirige le pouvoir politique ou la politique de gouvernance. Il est aussi important de connaitre tout cela car certains systèmes politiques encouragent la personnalisation du pouvoir le renforce le système politique du ventre. Il est donc important pour l'état d'être dans un état constant de modernisation pour ainsi améliorer la gouvernance du système politique en place.

Après cet étude, les étudiants devront être capable de :

- définir la politique et la science politique.
- Faire la différence entre les différents types de gouvernement et comment ils fonctionnent.
- Comprendre la séparation des pouvoirs et les concepts qui y sont liées tel que : la cohabitation, la séparation des pouvoirs et la fusion des pouvoirs.
- Répondre aux questions à la fin du cours.

PLAN DU COURS

Section une : le gouvernement et les systèmes de gouvernement.

Le système parlementaire

- Types de systèmes parlementaires
- Les avantages de ce système
- Inconvénients du système parlementaire

Le système présidentiel
Le système semi-présidentiel.

Section deux : comprendre la division des pouvoirs

- **cohabitation**
- **séparation des pouvoirs**
- **vérification et équilibres**
- **fusion des pouvoirs**

Conclusion.

Comprendre science politique, politique et gouvernement

Une gouvernance politique est un processus dans lequel les décisions prises sur la mise en œuvre des politiques du gouvernement sont fait. Il est donc important d'avoir des connaissances de bases en politique, sciences politique et gouvernement pour ainsi avoir une idée de la gouvernance politique. Lorsqu'on parle de politique on veut dire l'art ou la science du gouvernement. C'est aussi la gestion des affaires de l'état. C'est aussi les méthodes ou les tactiques employées dans la gestion étatique ou gouvernementale.

La politique est un processus par lequel des groupes de personnes prennent des décisions. Ce terme est généralement appliqué à toutes façons de procéder dans un gouvernement unique. Mais, « la politique » a été appliquée à tous groupes d'hommes dans lesquels il y interaction comme dans les institutions académiques et religieuses.

La science politique est la science du pouvoir et de l'état. C'est aussi l'étude du comportement politique qui examine l'acquisition et l'application du pouvoir. C'est la partie de la science qui s'occupe de la politique, du gouvernement, et d'autres institutions politiques.

Qu'est ce qu'un gouvernement

Un gouvernement est une organisation, c'est-à-dire les autorités d'une unité politique du pouvoir gouvernant dans la société politique et l'appareil par lequel l'appareil dirigeante exerce son autorité. Le gouvernement a le pouvoir de faire des lois, juger les problèmes et prendre des décisions administratives. Le gouvernement a les moyens de renforcer ses actions et ses décisions pour le maintient de la paix dans toute la communauté. Un état ou une province comportant une superficie assez grande et complexe différents types de gouvernement.

Les types de système politique

Pour mieux comprendre la gouvernance politique, nous devons d'abord voir certains systèmes politiques. Dans le monde entier, il existe plusieurs types de systèmes politiques.

i) le système parlementaire

C'est un système dans lequel l'exécutif est dépendant directement ou indirectement du soutient du législatif souvent exprimé par le vote. Ce système est caractérisé par une difficile séparation des pouvoirs le législatif et l'exécutif. Le système parlementaire est généralement caractérisé par une séparation claire et nette entre le chef du gouvernement et le chef de l'état le chef du gouvernement étant le premier ministre et le chef de l'état étant élue par le peuple ou est placé de façon héréditaire par et dans ce cas le président n'a que des fonctions honorifiques.

Même si c'est le premier ministre et sont cabinet qui exerce le pouvoir exécutif, l'autorité constitutionnelle est détenue par le chef d'état. L'expression « système parlementaire » ne signifie pas que le pas est dirigé par plusieurs partis politiques formant une alliance. Un tel arrangement pour la coalition des partis est généralement le produit d'un système électoral connu sous le nom de représentation proportionnelle. Plusieurs pays utilisant le système parlementaire principalement ceux utilisant le scrutin à un tour ont des gouvernements composés d'un seul parti. Cependant, le système parlementaire dans le continent européen utilise une représentation proportionnelle et tendent à produire les résultats des élections dans lesquels aucun parti n'a la majorité des sièges. La représentation proportionnelle dans un système non parlementaire ne peut pas avoir ces résultats.

Les types de système parlementaires

Il existe globalement plusieurs formes de démocraties parlementaires.

Le système Westminster que l'on trouve la plupart de temps dans les pays du Commonwealth. Ce type tend à avoir un peut plus de débat opposé et les séances plénières du parlement sont généralement plus important que les comités. Certains membres dans ce système comme au Canada, en Inde et en grande Bretagne sont élus par un scrutin à un tour pourtant d'autre pays comme l'Irlande et la Nouvelle Zélande utilisent la représentation proportionnelle(RP). Cependant, même quant la RP est utilisé le système tend à autoriser les votants à voter pour un candidat plutôt que de voter pour la liste du parti. Ce model n'admet pas une plus grande séparation des pouvoir que le model de l'Europe de l'ouest même comme la séparation des pouvoirs nulle part ailleurs ne devance le système présidentiel des Etats Unis d'Amérique.

Le model parlementaire de l'Europe de l'ouest

Ce système a plus de système de débats consensuel. Les systèmes RP sont utilisés plus le système de parti à liste que le model Westmister. Le comité de ces parlements a tendance à être plus important que la chambre plénière. Ce système est aussi appelé le model de l'Allemagne de l'ouest puis que le tout premier model sous sa forme finale était à Bundestag de l'Allemagne de l'ouest.

Les avantages du système parlementaire

Certains savants pensent qu'il est moins difficile de faire passer la législation dans le système parlementaire que dans d'autres systèmes. Ceci c'est parce que le branche exécutive est dépendant du support direct ou indirect de la branche législative et incluant la plupart de temps les membres du corps législatif. Ceci demande que l'exécutif (en tant que parti majoritaire) glane plus de voix pour faire passer une législation.

En plus guider l'établissement des lois, le parlementarisme possède des traits propices pour des états qui sont divisés sur le plan ethnique ou idéologique.

Dans le système parlementaire, l'autorité et le pouvoir sont détenus par le parlement. Le premier ministre n'est pas aussi important que le président et généralement, les gent votent pour un parti et ses idées politiques plutôt que de voter pour une personne.

Les inconvénients du système parlementaire

Le système parlementaire à aussi ses faiblesses. Dans ce système, le chef du gouvernement n'est presque pas toujours directement élu. Le premier ministre est élu par le législatif sous la grande influence du parti leader.

Dans le système parlementaire, il n'y a pas une réelle séparation des pouvoirs. Bien que ceci puisse être pris comme un avantage, il n'y a pas un organe vraiment indépendant pouvant s'opposer au véto du législatif. Et donc pas de réel partage du pouvoir par le législatif. A cause de ce manque de séparation du pouvoir. La plupart des systèmes parlementaires son bicamérale ; donc sont composé de deux chambres : le sénat qui est l'organe supérieur et le parlement en dessous du premier. Le sénat à pour but de contrôler le pouvoir du parlement qui est composé en majorité par le parti au pouvoir.

Certains savant et critiques du système parlementaire pensent également que, les hommes populaires et qui ont le soutient de la communauté ne peuvent pas être premier ministre s'ils ne sont pas élus par le parlement puisqu'il n'y a pas de possibilité pour le premier ministre d'être élu comme le président dans un système présidentiel. De plus dans le système parlementaire, un premier ministre peut perdre son autorité ou sa place juste parce qu'il a ses sièges à l'assemblée nationale même si il demeure influant, populaire et crédible.

ii) le système présidentiel.

C'est système dans lequel le pouvoir exécutif existe et préside séparément du législatif qui ne peut pas dans des circonstances normales le déposé. Le caractéristique du système présidentiel républicain est la façon dont le président est élu, mais presque tous les systèmes présidentiels, ont les mêmes caractéristiques. Ces caractéristiques sont :

Le président élu a une période bien définit pendant laquelle il doit gouverner. Les élections ont lieu à des périodes bien définis et ne peu pas se faire par d'autre procédures parlementaires. Dans certains pays et même au Etats Unis d'Amérique, il y a une exception à cette loi. Le président peut être déposé dans le cas où il est coupable d'avoir fait une entorse à la loi.

Le pouvoir dirigeant est unipersonnel. Le système présidentiel a souvent besoin de l'approbation du parlement pour les nominations des membres de son cabinet et du gouvernement sans oublier les juges. Le président à le pouvoir sur les membres de son gouvernement et sur l'armée. Mais il n'a pas le pouvoir de donner des ordres aux juges ou de les destituer. L'expression « système présidentiel » est fréquemment utilisée en opposition au « cabinet governement » qui fait parti des caractéristiques du parlementarisme. Les pays ayant un système de congrès et présidentiel comme au Etats Unis d'Amérique, en Indonésie, au Philippines, au Mexique, en Corée du Sud, en Argentine et dans la plupart des pays d'Amérique du sud, en Afrique et dans les états d'Asie centrale.

Les pays qui ont le titre de système présidentiel ne sont pas les seuls à utiliser le titre de « président ». On constate que la plupart des dictateurs et même ceux qui viennent au pouvoir par un coup d'état arborent aussi le titre de président. De même, dans les systèmes parlementaires les leaders aussi portent le titre de président. Comme exemples, nous avons l'Israël, l'Allemagne, l'Irlande etc. il y a quatre grands avantages dans le système présidentiel.

La première force du système parlementaire est le fait que le président soit élu directement par le peuple. Certains experts pensent que ceci rend l'autorité du président plus légitime que celles des autres leaders qui sont nommés par le gouvernement.

Nous avons aussi la séparation des pouvoirs. Dans le système présidentiel, le parlement et la présidence sont deux organes parallèles. Les partisans de ce système pensent que c'est une bonne chose puisque cette séparation permet à un organe de contrôler les actions de l'autre pour limiter les abus.

Nous avons aussi le fait que dans le système présidentiel le pouvoir du président vient du législatif.

La stabilité dans le système présidentiel est une bonne chose puisque, le président est élu pour une période déterminée, peut mieux instaurer la stabilité qu'un premier ministre qui peut être relégué à tout moment.

Le système semi présidentiel

Dans le système semi présidentiel, le premier ministre et le président sont tous deux les vigoureux participants de la gestion des affaires de l'état. Il est différent de la république parlementaire dans laquelle le président est élu par le peuple. Ce type de gouvernement est différent du système présidentiel les ministres et membres du gouvernement sont nommés par le président et tous sont responsables devant le parlement. Quand nécessaire et selon la constitution, le législatif peut forcer le gouvernement à démissionner par motion de confidence. L'expression « régime semi présidentiel » a été pour la première fois utilisée en 1978 par Marice Duver qui a utilisé ce terme pour décrire la cinquième république française.

Séparation des pouvoirs

Ce terme désigne le partage des différentes parties du gouvernement. La façon dont le pouvoir est partagé entre le président, le premier ministre peut varier d'un pays à un autre. Dans le système présidentiel le Premier ministre vient du parti d'opposition. Dans ce système, le pouvoir est partagé entre le premier ministre et le président de la république. Le président est responsable de la politique étrangère du pays et le premier ministre se charge de la politique nationale. Dans certains pays comme la France, la séparation entre le premier ministre et le président n'est pas clairement définie dans la constitution mais est inclus comme convention politique. En Finlande, cette séparation de pouvoir est très claire dans la constitution : « la politique étrangère est sous l'autorité du président en collaboration avec les membres du gouvernement ».

Cohabitation

La cohabitation connote une situation dans le système semi présidentiel dans lequel le président et le premier ministre ne viennent pas du même parti mais, doivent former un gouvernement. Ce terme cohabitation trouve ses origines en France dans les années 1980. Dans la plupart des cas, la cohabitation résulte d'un système deux exécutifs ne sont pas élus au même moment et n'ont pas la même durée de mandat. La situation de cohabitation a débuté en France en 1981. La France avait élu un président socialiste et un parlement socialiste, mais la durée de mandat du président était de sept ans alors que celle des membres du parlement était de cinq ans. En 1986 la population française a élu un président (François Mitterrand) socialiste du milieu droit qui devait cohabiter avec un premier ministre de l'extrême droite (d'u autre parti politique).

La cohabitation peut créer un équilibre des pouvoirs réel ou des périodes de conflit. Tout ceci dépend des deux leaders.

Fusion des pouvoirs

Origine du concept : tout au long de l'histoire, les nations ont développés des concepts et des méthodes sur la façon dont le pouvoir peut être partagé parmi les différents groupes de la société. Au 15eme siècle, le pouvoir se partageait entre les monarques, les propriétaires terriens les hommes d'église et les bourgeois. Les juges représentant à l'origine l'exécutif se déchargèrent progressivement de cet exécutif. La guerre civil anglaise de 1642-1660 entre le parlement et les monarques marque un tournant important dans la vie politique de l'histoire. Bien que les monarques aient continué, un accord a été arrêté qui donnait au parlement un pouvoir législatif et le moyen d'avoir un gouvernement.

Dans un second traité sur le gouvernement civil, le philosophe anglais John Loke critiqua les abus de pouvoir qui existait lorsque le législatif et l'exécutif avaient fusionné. La pensé de Loke était semblable à celui des philosophes émergeants qui étaient radical à la tradition britannique. Cependant c'est le philosophe Baron de la Brede (quand il a visité l'Angleterre en 1729-1731) et Montesquieu qui exposa la doctrine des séparations des pouvoirs. Dans **l'esprit des lois**, (1748) Montesquieu exilique que les libertés anglaise étaient préservées par des arrangements institutionnelles. Il n'apprécia pas seulement le système anglais avec ses trois membres distincts il mentionna aussi que les différents pouvoirs étaient en équilibre dans le système.

Cela arrive la plupart de temps dans les démocraties parlementaires ; le pouvoir législatif et le pouvoir exécutif entrent en fusion. C'est l'opposé direct de la séparation des pouvoirs qu'on trouve dans le système présidentiel. La fusion des pouvoirs est commune à plusieurs types de démocraties de nos jours. Cependant, ce système est le produit de plusieurs changements politiques a travers des siècles. Cela résulte de la réduction des pouvoirs du monarque haute chambre et une augmentation importante de celui de la deuxième chambre.

Dans un système où il y a fusion des pouvoirs, le chef du gouvernement peut être le premier ministre, le chancelier, ou autres titres montrant qu'il/elle fait partie du pouvoir législatif. Ceci veut dire qu'il / elle doit nommer un gouvernement. Ceci est différent de ce qui arrive dans un système où il séparation des pouvoirs. Dans ce dernier, le membre du parlement qui veut avoir un poste de responsabilité dans l'exécutif doit démissionner de sa législature. Dans un système où il y a fusion, le législatif sélectionne le leader de l'exécutif que continue à servir cet exécutif mais étant dans le législatif. Sa position en tant que chef du gouvernement dépend du législatif que peut le changer à tout moment.

La fusion entre le législatif et l'exécutif est l'un des caractéristiques que l'on trouve dans tous les systèmes parlementaires. Ses supporteurs disent que ce système est bien puisque qu'il est plus facile pour le gouvernement d'entreprendre une action. Ils ajoutent qu'ici, il est difficile d'arriver à une impasse.

Ce système a aussi des inconvénients parmi lesquelles nous avons le fait que le pouvoir soit donné à l'exécutif et parfois au détriment du législatif spécialement lorsque, le chef du gouvernement appartient au parti qui a le plus grand nombre de siège au parlement. Dans ce cas, l'exécutif n'est presque pas responsable devant le parlement.

La séparation des pouvoirs est un système que l'on trouve dans les états démocratiques. L'origine de ce système le moment de l'émergence du gouvernement mixte. La séparation des pouvoirs voudrait que l'état soit divisé en trois branches : l'exécutif, le législatif et le judiciaire. Chacune de ces branches doit avoir un pouvoir une juridiction indépendante. Les partisans de la séparation des pouvoirs clament que ce système garantit et protège mieux les libertés et la démocratie et par conséquent, empêche la tyrannie et la dictature. Ce point de vue est réfuté par certaines critiques qui pensent que, ce système ne garantit en rien les libertés et les droits puisque le processus de prise de décision dans ce système est généralement lent à cause de la bureaucratie. Ils ajoutent que, la séparation des pouvoirs peut encourager les excès de l'exécutif.

Equilibre des pouvoirs

Pour éviter les situations dans lesquelles l'une des branches dominent les autres et crée une entorse à la coopération entre les trois différentes branches, il est important d'équilibrer les forces. L'expression équilibre des pouvoirs vient de Montesquieu il soutient une séparation totale des pouvoirs entre les trois branches, pour empêcher une branche de dominer les autres. À l'Etats Unis d' Amérique l'équilibre des pouvoirs est pratiqué en employant des lois bureaucratiques et procédurales qui permettent à une branche de limiter les autres.par exemple, le président a le droit de véto avec le congrès. Pendant ce temps, le congrès à le pouvoir de d'altéré l'autorité de la cour fédérale.

En définitif, quelque soit le système politique, le plus important est la volonté de moderniser la machine de l'état pour répondre aux besoins du peuple. Un système de gouvernement ne doit pas être seulement de nom. Il doit aussi être capable de d'empêcher de violer les droits du citoyen. La gouvernance dans n'importe quel système politique devrait limiter le mandat pas seulement sur la base du programme mais surtout sur la capacité de ce programme à répondre aux besoins des citoyens et encourager à la participation surtout à partir de la base.

Exercices de fin du cours

Qu'est ce que la politique ?

a)   c'est simplement la manipulation du peuple par les dirigeants.

b)   C'est l'administration interne et externe des affaires de l'état.

c)   C'est le fait d'appartenir à un parti politique et à convaincre les autres de se joindre à vous.

d)   Tout ce qui précède.

1-   au Cameroun la politique peut s'observer dans tous les domaines suivants

a)   institutions religieuses

b)   institutions académiques

c)   institution gouvernementales

d)   aucun de ce qui précède.

2-   la science qui étudie les comportements politiques et examine l'acquisition et l'application des pouvoirs est

a)   le gouvernement

b)   la politique

c)   les sciences politiques

d)   la religion

3- qu'est ce que le gouvernement ?

a)   le parti dirigeant

b)   le président

c)   l'autorité d'un parti politique

d)   aucun de ce qui précède

4-   le système de gouvernement dans lequel le poste de président n'est que figurant est

a)   le système parlementaire figurant

b)   le système de gouvernement

c)   le système parlementaire

d)   le système présidentiel

5-   lequel des suivants n'est pas une caractéristique du système parlementaire

a)   un système gouvernemental dans lequel il n'y a pas une séparation des pouvoirs claire entre le législatif et l'exécutif.

b)   un système gouvernemental dans lequel il y a une distinction claire entre le président et le premier ministre

c)   un système gouvernemental dans lequel le pays est dirigé les partis de coalition.

d)   Tout ce qui précède est faux

6- le système de gouvernement dans lequel le président et le premier ministre participent à l'administration de l'état est

a)   le système parlementaire

b)   le système présidentiel

c)   le système semi présidentiel

d)   tout ce qui précède

7-   **une situation du système semi présidentiel dans laquelle le président et le premier** ministre sont des partis politiques opposés est

a)   coalition

b)   opposition

c)   cohabitation

d)   combinaison

8-   **le philosophe anglais qui à s'est rendu compte de des tentations de corruption qui existait «lorsque les gens qui ont le pouvoir avaient également le pouvoir de les exécuter » est**

a)   John Loke

b)   Baron de la Brede

c)   Barak Obama

d)   Tout ce qui précède

9) le trait du de la démocratie parlementaire dans lequel l'exécutif et le législatif sont liés est

a) fusion des pouvoirs

b) séparation des pouvoirs

c) ségrégation des pouvoirs

d) fusion des idées politiques.

LEÇON TROIS : L'HISTOIRE DE LA GOUVERNANCE POLITIQUE AU CAMEROUN

Objectifs et plan du cours

Cette leçon permettra à l'étudiant de retracer l'origine et l'évolution de la gouvernance politique au Cameroun. Il lui permettra aussi d'apprécier les différents changements constitutionnels et comprendre la gouvernance au Cameroun depuis son indépendance. Après ce cours, l'étudiant sera capable de :

- identifier comment on est arrivé au mot Cameroun.
- Différencier les différents régimes existant au Cameroun
- Identifier et apprécier les différentes constitutions qui ont existés au Cameroun depuis son indépendance.
- Répondre aux questions de fin du cours

Plan du cours

Section un : le contexte de la naissance du Cameroun

- Origine du mot Cameroun
- Les événements qui ont conduit à l'unification du Cameroun.
- Le gouvernement fédéral
- Le gouvernement unitaire
- De l'état unitaire à la république.

Section deux : les changements constitutionnels du Cameroun

- la constitution de Mars 1960
- la constitution de 1er octobre 1961
- la constitution du 2 juin 1972

- la révision constitutionnelle de 1984
- la constitution du 18 janvier 1996
- la modification de la constitution de 1996 en 2008

Origine du mot Cameroun

Avant 1884, il n'existait aucun pays appelé Cameroun. Ce noms est une création européenne car, ayant trouvé beaucoup de crevette dans le fleuve Wouri, les portugais l'on appelé « rio dos cameroes » ce qui signifie rivière des crevettes en leur langue. Le territoire qui est devenu Cameroun était sous protectorat allemande depuis 1884 lorsque les chefs Douala ont signés un traité de protectorat avec les allemands le 12 juillet 1884. Le protectorat allemand s'acheva en 1914 avec la première guerre mondiale. De 1914 en 1916, le Cameroun était placé sous le condominium français et britannique. Il devint un territoire mandaté de la société des nations entre 1922 et 1945 après la chute de la société des nations et finalement il devint un Territoire sous mandat de 1945 à 1960/61.

Les allemand ont pris possession du Cameroun après avoir signé le traité Germano-Douala du 12 juillet 1884, et ce sont ses allemand qui ont tracé les limites du présent triangle appelé Cameroun. Après la première guerre mondiale qui occasionna le départ des allemands, le territoire à été répartie en deux parties inégales entre la France et l'Angleterre (France 4/5 et Angleterre 1/5). Ces deux pays ont gouverné le Cameroun au nom de la société des nations et leur mission était de préparer le Cameroun l'indépendance.

La société des nations disparut après la deuxième guerre mondiale pour laisser place une organisation internationale appelée Organisation des Nation Unis. La partie française du Cameroun devint indépendant le 1er janvier 1960 en tant que république du Cameroun et avec Amadou Ahidjo comme président. Le Cameroun britannique qui était divisé en deux le Nord et le Sud devait avoir son indépendance après un plébicite organisé par l'ONU : ceci était à cause des différents opinions parmi les politiciens qui s'inquiétaient de l'avenir du territoire. Ils devaient donc choisir entre :

a_ voulez vous avoir l'indépendance en vous joignant à la fédération indépendante du Nigéria ?

b_ voulez vous avoir votre indépendance en vous joignant à la république indépendante du Cameroun ?

Le Cameroun du Sud (région du Nord Ouest et du Sud Ouest) a donc choisi par voix de vote le 11 février 1961 en majorité de rejoindre le Cameroun Français et le Cameroun du Nord, le 12 février 1961, a choisi de rejoindre la fédération indépendante du Nigéria. Le 11 février est pris au Cameroun comme fête de la jeunesse.

Les événements conduisant au gouvernement fédéral

Le Cameroun britannique était dirigé JOHN NGU FONCHA et le Cameroun indépendant français était dirigé AMADOU AHIDJO d'abord en tant que premier ministre et ensuite en tant que président. Ces deux leaders se rencontrèrent du 17 au 21 juillet 1961 pour discuter des bases constitutionnelles de la réunification. Au sorti de cela ils ont adopté la constitution fédérale du 1 octobre 1961 donnant naissance à la république fédérale du Cameroun, constituée de deux Etats : le Cameroun occidental (ancien Sud Cameroun britannique) avec pour capital Buea et le Cameroun oriental (république du Cameroun) avait pour capitale Yaoundé.

Le gouvernement fédéral

La fédération avait sa capitale à Yaoundé. On avait un président, un vice et deux premiers ministres. Le premier président était AMADOU AHIDJO et le vice était JOHN NGU FONCHA. Le drapeau était vert rouge jaune frappé de deux étoiles sur le vert, pour marquer les deux Etats. Le français et l'anglais étaient pris comme langues officielles du Cameroun. La fédération avait six régions coiffées par des inspecteurs fédérés de l'administration représentant le chef de l'Etat.

Le 1 septembre 1966, tous les partis politiques fusionnèrent pour devenir U N C. La raison donnée était qu'un parti unique devait former une nation forte ; que les ressources de cette nouvelle nation seraient dispersées dans les divergences politiques et ainsi seraient harnachées. Ceci marqua la fin de la première expérience du multipartisme au Cameroun.

Le gouvernement unitaire

Le 20 mai 1972, le Cameroun vota par referendum la suppression de la structure fédérale. Ceci conduisit à un changement de fédéral à Etat unitaire appelé République unie du Cameroun. Ceci voulait dire que le Cameroun devait avoir un président ; les régions administratives devaient devenir des provinces, coiffées chacune par un gouverneur. L'une des deux étoiles sur le drapeau a été retirée ; c'est depuis ce jour que le 20 mai est pris comme fête nationale du Cameroun.

D'un gouvernement unitaire à une république

Quelque chose de significatif et de jamais vu arriva au Cameroun. Le président AMADOU AHIDJO démissionna de son poste et fut remplacé par son successeur constitutionnel Paul BIYA LE 06 NOVEMBRE 1982. Ceci marqua la fin de ce qu'on peut appeler le règne du premier président. Le président AMADOU AHIDJO cependant refusa aussi le poste de président de l'U N C, et le 27 aout 1982, le président Paul BIYA prit les règnes de ce parti. Le 04 février 1984, le poste de premier ministre fut supprimé et on changea le nom du Cameroun, de la République unie du Cameroun à la République du Cameroun tout simplement.

Le 06 avril 1984, un coup d'Etat échoua, qu'on dit avoir été mené par le président Amadou AHIDJO, qui était alors en France. Le coup avait raté parce que les participants n'avaient pas réussi à prendre le pouvoir et le contrôle du gouvernement. La même année, le président Paul BIYA transforma les régions existantes en 10 provinces. Le centre Sud devint 02 provinces, et la région du Nord se divisa en 03 provinces.

Du 21 au 24 mars 1985, le congrès de l'U N C tenu à Bamenda décida de changer le nom du parti en Rassemblement Démocratique du Peuple Camerounais. En décembre 1989, le président Paul BIYA autorisa la formation des partis politiques et ceci marqua la seconde phase du multipartisme au Cameroun.

Les changements constitutionnels au Cameroun

Une constitution est un document qui trace le cadre sur lequel le système de gouvernement du pays est mené. La constitution établit le type de système de gouvernement qui doit être adopté, fixe les règles que ceux qui exercent les fonctions dans le gouvernement doivent suivre. Ceci a pour but de guider leurs actions pour qu'ils travaillent en conformité avec les prévisions constitutionnelles du pays. A partir de la constitution, nous avons une meilleure compréhension de la relation entre l'exécutif, le législatif et le judiciaire.

Depuis son indépendance, le Cameroun a enregistré quatre changements majeurs dans sa constitution :la constitution du 04 mars 1960, du 1 octobre 1961, du 02 juin 1972, la révision de la constitution de 1984, la constitution du 18 janvier 1996 et la modification de la constitution de 1996 en 2008.

La constitution du 04 mars 1960

Cette constitution avait été adoptée le 21 février 1960, et fut promulguée le 04 mars de la même année. C'était la constitution de la république du Cameroun basée en grande partie sur la constitution française de 1958. Elle dit dans son préambule, que la nation du Cameroun a souscrit aux quatre libertés fondamentales de la déclaration universelle des droits de l'homme de 1948 et la Charte de l'ONU.

La constitution du 1 octobre 1961

En 1961, suivant les résultats du 1 février 1961 et la conférence constitutionnelle tenue à Foumban du 17 au 21 juillet 1961, il y avait un besoin qu'une nouvelle constitutionnelle s'accommode à une structure fédérale constituée de deux Etats dont le Cameroun occidental et le Cameroun oriental.

Les leaders nationaux des deux territoires adoptèrent alors une nouvelle constitution, qui fut promulguée le 1 septembre 1961 comme la constitution de la République fédérale du Cameroun. Un mois plus tard, précisément le 1 octobre 1961, la nouvelle constitution se renforça avec la naissance de la République fédérale du Cameroun.

Nous devons également voir que les leaders des deux délégations arrivaient à Foumban avaient une égalité manifeste de pouvoir. Le président AHIDJO avait déjà acquis une expérience politique ; ce qui n'était pas le cas de JOHN NGU FONCHA. Il se présenta comme quelqu'un qui fait ses premiers pas en politique, avec la mission et la conviction de ses compatriotes du Cameroun occidental de la justesse de son choix ; jusqu'à 1960, les acteurs politiques Anglophones étaient toujours divisés sur le futur du Cameroun du Sud. La position de FONCHA qui était en faveur de la constitution était opposée à celui des chefs traditionnels qui optaient pour une indépendance du Cameroun britannique sans aucun attachement. ACHIRIMBI II de Bafut, le président de la conférence de Manfé d'aout 1959 réitéra leur position sur le sujet et dit « nous avons rejeté Dr ENDELEY parce qu'il voulait nous lier au Nigéria. Si M. FONCHA essaye de nous amener au Cameroun français, nous nous séparerons également de lui pour moi le Cameroun français est le feu et le Nigéria c'est l'eau. Ainsi je suis pour une sécession sans réunification ». D'un autre coté le président AHIDJO avec un fort soutient de la France, avait une main mise sur JOHN NGU FONCHA.

La constitution du 02 juin 1972

Dans un referendum le 20 mai 1972, les Camerounais ont adopté en majorité la troisième constitution du Cameroun indépendant. Cette constitution a introduit un fort système présidentiel construit autour d'une forte présidence. Cette nouvelle constitution fut promulguée le 02 juin 1972 comme la constitution de la République unie du Cameroun.

Il y avait 02 réformes constitutionnelles en 1975 et 1979 pour créer et renforcer la constitution du premier mais sans changer la nature présidentielle du régime. Le premier élément fondamental était l'abolition du fédéralisme et l'introduction de l'Etat unitaire de la République unie du Cameroun (une et indivisible). En 1984 son préambule affirmait que le peuple camerounais formait une nation.

La constitution de 1984

Ceci était la révision de celle de 1972. Cette constitution donna au Cameroun le nom de République du Cameroun. Il fut décrété en 1984 et le nom du pays devint République du Cameroun à partir de février 1984.

La constitution du 18 janvier 1996

La constitution de 1996 a vu plusieurs changements. Elle a mis sur pied les structures pour la décentralisation de l'Etat. Elle a aussi augmenté la durée du mandat présidentielle de 5 à 7 ans, renouvelable une seule fois.

Les changements constitutionnels d'avril 2008

En avril 2008 il eut des modifications sur la constitution du 18 janvier 1996. La clause faisant référence à la durée du mandat présidentiel fut changée, donnant la possibilité au président de présenter sa candidature en tant que président le nombre de fois qu'il le veut et lui donna aussi la possibilité d'échapper aux poursuites judiciaires lorsqu'il n'est plus président.

Questions de fin de cours

1- le système de gouvernement qui a existé au Cameroun de 1914 à 1916 était

a- un condominium

b-la colonisation britannique

c- la colonisation française

d- l'administration indépendante

2-quand fut signé le traité Germano Douala ?

a-12 juillet 1884

b-12 avril 1884

c-06 novembre 1982

c-11 février 1945

3-Français et Anglais ont unanimement dirigés le Cameroun au nom de la société des nations

a-pour préparer le Cameroun à la colonisation

b- pour préparer le Cameroun à l'esclavage et à la traite négrière

c-pour préparer le Cameroun à l'auto gérance et l'indépendance

d- tout ce qui précède

4-lequel des jours suivants est célébré en tant que résultat du plébiscite au Cameroun ?

a-12 juillet

b-11 février

c-06 novembre

d-20 mai

5-le 20 mai est célébré comme fête nationale au Cameroun parce que c'est le jour ou

a- le Cameroun du Sud a voté pour rejoindre la République du Cameroun

b-Amadou AHIDJO devint le président du Cameroun

c-le président Paul BIYA gagna les élections présidentielles

d-le Cameroun vota par referendum la suppression de la structure fédérale

6-quel événement important a eu lieu au Cameroun le 04 novembre 1982 ?

a-Amadou AHIDJO fut élu président de la république du Cameroun

b-l'une des étoiles du drapeau camerounais fut retirée

c-Amadou AHIDJO démissionna de son poste de président

d-une nouvelle constitution fut établie

7-quand est ce que le président Paul BIYA a pris les commandes de la présidence de la république du Cameroun après Amadou AHIDJO ?

a-06 novembre 1982

b-04 novembre 1982

c-06 novembre 1884

d-17 janvier 1884

8-un document qui fixe un cadre sur lequel le système du gouvernement du pays est conduit est

a-un referendum

b-une constitution

c-un arreté

d-rien de ce qui précède

9-le coup d'état manqué qui a eu lieu le 06 avril 1984 avait pour but d'enlever

a-Amadou AHIDJO

b-Paul BIYA

c-JOHN NGU FONCHA

d-NI JOHN FRU NDI

10- il supporta une sécession sans réunification

a-M. FONCHA

b-Dr ANDELEY

C- ACHIRIMBI II

D-FONLON

11-laquelle des phrases suivantes est fausse à propos de la

constitution du Cameroun ?

a-elle est statique stable et authentique

b-elle a enduré quatre changements majeurs depuis l'indépendance

c-le président Paul BIYA a influencé sur la modification de la constitution au cours de son régime

d-tous les camerounais n'étaient pas d'accord pour la modification de la constitution de 2008

12-pourquoi est ce que le président Amadou AHIDJO a donné le pouvoir à Paul BIYA en 1986 ?

a-parce qu'il était trop vieux

b-parce qu'il était incapable de résoudre le problème des camerounais

c-parce que les camerounais ne le voulaient plus

d-parce qu'on lui a demandé de le faire pour des raisons de santé

13-lequel des suivants ne fait pas partie des quatre segments d'une société ?

a-société civile

b-la gouvernement

c-la société politique

b-la société de l'éducation

LEÇON QUATRE : LA GOUVERNANCE ET LE GOUVERNEMENT DU CAMEROUN

Objectif et plan du cours

Objectif du cours

A la fin de cette leçon, l'étudiant sera capable de comprendre le concept de gouvernement. Après cette étude, l'étudiant sera capable de :

- faire la différence entre les différentes forces du gouvernement c'est-à-dire l'exécutif, le législatif et le judiciaire

-identifier les différentes fonctions des différents organes

-apprécier la bonne gouvernance dans le gouvernement du Cameroun

-répondre aux questions de la fin du cours

Plan du cours

Section une : le pouvoir exécutif

-la présidence

-les services du premier ministre

-les départements ministériels

Section deux : le pouvoir législatif

-comprendre le législatif

-les fonctions du législatif

Section trois : le judiciaire

-comprendre le judiciaire

-les différentes cours

-la structure hiérarchique du Cameroun

Introduction

Le pouvoir dans le régime parlementaire et présidentiel est divisé entre l'exécutif, le législatif et le judiciaire. Cependant dans un système démocratique normal le gouvernement est bien élaboré si bien qu'aucune des forces ne puisse dominer les autres. Ceci est rendu possible par la constitution qui prévoit l'équilibre des pouvoirs. en d'autres mots chaque pouvoir est indépendant et travaille pour le bon fonctionnement du système. Les différentes forces sont traitées ci-dessous en respect du système au Cameroun

Pouvoir exécutif et le gouvernement

Au Cameroun, le système semi-présidentiel confère le pouvoir de l'exécutif au président qui est également chef de l'exécutif et de l'Etat, il est le représentant de la nation, il est élu par suffrage universel direct et libre. La position et les attributs d'un président est incompatible aux autres postes ou activités professionnelles ; il est élu pour une durée de 07 ans. Après son élection le président entre en fonction avant l'assemblé nationale ; il établit les politiques de la nation et garantit la nature et la conduite des affaires du gouvernement. Il peut aussi demander un changement de la constitution. Le pouvoir exécutif comprend : la présidence, le premier ministère et les départements ministériels.

La présidence

Elle comprend : le secrétariat général le cabinet civil le cabinet militaire les ministres délégués et d'autres services.

Le secrétariat général est chargé de soumettre tous les problèmes à l'approbation du président. Il est dirigé par un secrétaire général qui a un rang équivalent à celui d'un ministre.

Le cabinet civil a le devoir de s'occuper des taches spéciales et d'enregistrer les audiences avec le président de la république. Ce cabinet est également responsable des cérémonies et des réceptions qui ont lieu à la présidence. Le directeur du cabinet civil a un rang équivalent à celui d'un ministre ; il est le chef du cabinet civil

Les ministres délégués sont des ministres chargés de mission à la présidence. Ce sont des ministres sans portefeuilles. Certains de ces ministres sont : ministre délégué chargé des relations avec l'assemblé nationale, ministre délégué chargé du contrôle de l'Etat, ministre délégué chargé du contrôle.

Le premier ministère

Il est coiffé par le premier ministre nommé par le chef de l'Etat pour l'assister. Il rend compte au président de la république qui peut l'enlever à n'importe quel moment. Il assiste le président dans la coordination et le contrôle des affaires du gouvernement. Il est la troisième personnalité la plus importante de la nation après le président de l'assemblé nationale. Le premier ministère comprend un secrétariat général, les organes spécialisé tels que les affaires administratives, les affaires statutaires et législatives et les affaires techniques et économiques. Il existe des vices premiers ministres en charge dans les départements ministériels spéciaux.

Les départements ministériels

Les différents départements ministériels sont dirigés par des ministres qui sont les membres du gouvernement. Ils sont nommés par le président de la république et leurs fonctions sont définies par le président après avoir nommé le premier ministre. Au Cameroun, les départements ministériels sont divisés en : les ministres d'Etat, les ministres délégués et les secrétaires d'Etat.

a- les ministres

voici ci-dessous classifiés les ministères dirigés par des ministres : défense, relation extérieur, directeur du cabinet civil à la présidence, l'emploi et formation professionnelle, protection de la nature et de l'environnement, le secrétariat général assistant à la présidence de la république, enseignement supérieur, enseignement secondaire, affaires sociales, ministre délégué à la présidence en charge des relations avec l'assemblé nationale, ministre du tourisme, ministre de l'éducation de base, ministre de l'urbanisme et de l'habitat, ministre des pêches et des industries animales, ministre de la jeunesse, ministre du commerce, recherches scientifique et de l'innovation, travaux publiques, de la femme et de la famille, ministre en charge des affaires spéciales de la présidence, ministre de l'eau et de l'énergie, ministre de sport et de l'éducation physique, ministre des petites et moyennes entreprises, ministre des finances, culture, de développement industriel et technologique, économie, transport, santé publique, communication, domaines fonciers et des affaires de l'Etat, secrétariat général au premier ministère, directeur de cabinet du premier ministère, ministre délégué en charge du Commonwealth, ministre délégué en charge des affaires islamiques, ministre délégué au ministère de l'environnement et de la protection de la nature, le ministre de l'administration territoriale et de la décentralisation, le ministre délégué au ministère de la justice, le ministre délégué au ministère de l'économie, le ministre délégué au ministère de finance, le directeur général de la sureté nationale, le directeur adjoint du cabinet civil à la présidence.

b-Secrétaires d'Etat

Voici ci-dessous classifiés les secrétaires d'Etat sous leurs différents départements ministériels : secrétaire d'Etat au ministère de la justice, secrétaire d'Etat au ministère de la santé, secrétaire d'Etat au ministère de l'enseignement secondaire, secrétaire d'Etat au ministère de la défense, secrétaire d'Etat au ministère des mines et de l'industrie technologique, secrétaire d'Etat au ministère des droits publics, secrétaire d'Etat au ministère de la faune, et le secrétaire d'Etat au ministère de l'éducation de base.

Le législatif

C'est l'organe qui vote les lois. Ses membres sont élus et agissent au nom de ceux qui les ont élus pour les représenter. Ils prennent leurs fonctions au parlement ou ils s'y retrouvent temporairement. Cette institution est le lien entre les gouvernants et les gouvernés. La fonction première de ce corps est de faire des lois pour gouverner le pays. Il a aussi la fonction d'opérer des changements constitutionnels, il approuve le budget, permet aux autorités de collectionner les taxes, examine les actions et les décisions de l'exécutif, et mène des enquêtes sur des problèmes publiques importantes. Le parlement au Cameroun est connu sous l'appellation d'assemblé nationale bicaméral c'est-à-dire composé de deux chambres (le sénat et l'assemblé nationale). Cependant le sénat n'existe pas encore. L'assemblé nationale est composée de 180 sièges partagés par les différents partis politiques.

Le judiciaire

Depuis l'indépendance, le système judiciaire au Cameroun est bijural c'est-à-dire composé de deux systèmes judiciaires. Ceci est un héritage du système anglais et français. Cependant, le système judiciaire au Cameroun est largement basé sur la loi civile française et une influence du droit civil anglais. Même comme le pouvoir judiciaire est un organe séparé et indépendant, il est sous l'autorité du ministère de la justice. Le président de la république nomme les juges à tous les niveaux. Tel que défini par la constitution de 1996, le pouvoir judiciaire est officiellement divisé en tribunaux, cours d'appel et la cour suprême. L'assemblé nationale élit les membres du tribunal de grande instance qui sont au nombre de 09 et qui jugent les haut membres du gouvernement lorsqu'ils sont accusés de trahison ou ayant porté atteinte à la sécurité nationale.

Les différentes types de cours sont : le tribunal coutumier comprenant les chefs et du conseil traditionnelle, le tribunal de première instance dont la juridiction de trouve dans les districts et sont coiffés par des magistrats ; le tribunal de grande intense qui se trouve au niveau des départements, le tribunal militaire, la cour constitutionnelle qui traite des problèmes électoraux, jugent les membres du gouvernement, de la justice, de l'exécutif et du législatif. La cour suprême qui est la plus haute cour du pays.

En plus de l'exécutif, du législatif et du judiciaire, nous avons le conseil économique et social. Mentionné dans la partie de la constitution, ce corps est composé de ministres nommés par le chef de l'état. Ils se rencontrent pendant au moins quinze jours par an. La mission première de ce corps est de conseiller le gouvernement sur les problèmes économiques et sociaux. Cette organe, s'évertue à renforcer la collaboration entre les intuitions politiques et économiques et sociales de la république. Les projets suivis par le président de la république et ou le président de la l'assemblée nationale sont étudiés et la recommandation faite par ce conseil au président ou de l'assemblée nationale dépend de l'origine du projet.

La structure hiérarchique du gouvernement camerounais

Le gouvernement camerounais a une structure hiérarchique spécifique. Nous avons : le président de république, le président de l'assemblée nationale, le premier ministre, le président du conseil économique et sociale, le président de la cour suprême, le procureur générale a la cour suprême, les membres du gouvernement, le vice premier ministre ou ministre de la justice, le vice premier ministre ou ministre de l'agriculture, ministre de l'administration territoriale ou de la décentralisation le ministre des postes et télécommunication, le secrétaire générale a la présidence.

Il est important de mentionner que dans le système présidentiel du Cameroun, l'exécutif a plus de pouvoir que le législatif et le judiciaire. Pour que la bonne gouvernance s'implante dans la machine de l'état, il faut qu'il ait séparation des pouvoirs. Le système parlementaire doit être dans un processus constant de modernisation pour être effective et plus forte. L'administration parlementaire et ses domaines d'action devaient être plus renforcés. Il doit aussi travailler en collaboration avec des assemblées d'autre pays démocratique pour améliorer son fonctionnement. Dans le domaine judiciaire, la justice devait être pour tout le monde. Elle doit être impartiale et la constitution doit protéger les juges pour qu'ils soient indépendants. La justice ne doit pas être basée sur l'activité politique. En tout et pour tout exécutif doit avoir une structure administrative effective. Pour que la gouvernance soit effective au Cameroun la machine administrative et politique doit être révisée et ainsi encourager les citoyens à participer aux affaires de l'état.

Questions de fin de cours

1- Le pouvoir dans les régimes parlementaires et présidentiels est partagé par les suivants excepté un :
a- le législatif
b- l'exécutif
c- le technique
d- le pouvoir judiciaire

2- la durée du mandat présidentiel au Cameroun est de :

a-5 ans

   b- 7 ans

   c- 10 ans

   d- 6 ans

3- c'est l'organe responsable des affaires spéciales et des réservations des audiences avec le président :

   a- le cabinet civil

b- le cabinet militaire

c- le secrétariat général

d- les ministres délégués

4- la liste suivante représente les trois personnalités les plus importantes dans le gouvernement du Cameroun. (cochez l'ordre correct) :

   a- le président de la République, le premier ministre, le président de l'assemblé nationale

   b- le président de l'assemblé nationale, le premier ministre, le président de la République

   c- le président de la République, le président de l'assemblé nationale, le premier ministre

   d- le premier ministre, le président de l'assemblé nationale, le président de la République.

5- Laquelle des phrases suivantes est fausse selon le gouvernement camerounais ?

   a- le président a le pouvoir de nommer le premier ministre

   b- les ministres ont une durée de mandat fixe

c-   le premier ministre peut être enlevé à tout moment

d-   le premier ministre doit venir soit de la région du Nord Ouest ou du Sud Ouest du Cameroun

LEÇON CINQ : GOUVERNANCE ET POLITIQUES DU GOUVERNEMENT AU CAMEROUN

Objectif et plan du cours

Ce cours a pour but de permettre aux étudiants de mieux comprendre les différentes politiques nationales que le Cameroun a eu depuis son indépendance. Cela est très important parce que certaines de ces politiques telles que la rigueur et la modernisation (la lutte contre la corruption), et la décentralisation sont parmi les concepts de bonne gouvernance telle que montrée par la communauté internationale. Cependant, l'application de ces programmes est ce qui alimente les débats actuellement. Après cette étude, l'étudiant doit être capable de :

- comprendre et apprécier la politique du bilinguisme, de l'unité nationale, de l'unité dans la diversité, de la décentralisation, de la rigueur et de la morale.

Plan du cours

Section un : bilinguisme et unité nationale

- Bilinguisme
- Unité nationale

Section deux : décentralisation, rigueur et morale, et unité dans la diversité

- Décentralisation
- Rigueur et morale
- Unité dans la diversité

Introduction

Une politique du gouvernement est une phrase ou des phrases qui définissent les objectifs d'une nation. Elle montre aussi les règles, les principes et les actions qui doivent être menées pour atteindre ces objectifs. De telles politiques déroulent des expériences et des stratégies de gestion. Pour que de telles politiques soient effectives, il est important d'inclure certaines caractéristiques de la bonne gouvernance telles que la participation, la transparence, l'équité etc... La politique du gouvernement a un grand impact sur la manière de développer les plans et sur la façon de réunir les ressources disponibles pour atteindre les objectifs fixés. Si on ne les applique pas, tant le gouvernement que les citoyens seront perdants. Depuis son indépendance, le gouvernement camerounais s'est toujours concentré sur les politiques suivantes : le bilinguisme, l'unité nationale, rigueur et morale, et décentralisation.

1- Le bilinguisme

Depuis l'indépendance, la politique de langue a toujours fait partie intégrante de toutes les constitutions camerounaises. La constitution de janvier 1996 stipule clairement que :

« les langues officielles de la République du Cameroun doivent être l'anglais et le français et ces deux langues doivent avoir le même statut. L'Etat doit garantir et promouvoir le bilinguisme à travers le pays. Il doit s'engager dans la promotion et la protection des langues nationales ».

Cependant cette politique n'a presque pas été bien élaborée, et par conséquent le français a toujours eu une forte domination sur l'anglais, dans plusieurs secteurs comme l'administration.

Même comme les constitutions successives du pays depuis son indépendance ont toujours réitérées la politique des langues officielles, il n'existe pas vraiment de politique de langue bien défini qui regarde son application. C'est la raison pour laquelle le français domine l'anglais dans les domaines administratif, éducatif et médiatique. La domination du français est due aux facteurs démographiques car les Francophones sont les plus nombreux, et aussi ils occupent les positions élevées dans le gouvernement. La politique du bilinguisme officiel, qui a crée la division Anglophone-Francophone que l'on a observée ces dernières années est un sérieux problème pour l'Etat. Bien qu'étant un facteur d'unification, le bilinguisme officiel constitue aussi un facteur d'identité conflictuelle. Les Anglophones ont toujours été jaloux de leur identité dans l'Etat camerounais.

Dans les années 90, il ya eu des résistances qui ont abouties à la proposition de la création d'une région autonome qui permettrait la fusion des provinces anglophones avec les provinces francophones proches d'eux (Sud Ouest et Littoral, Nord Ouest et Ouest). La proposition fut rejetée par les Anglophones parce que pour eux c'était un moyen pour le gouvernement d'annexer les provinces anglophones et éradiquer leur culture.

Dans le but de promouvoir la politique de bilinguisme officiel, le système éducatif est bilingue depuis 1961. Donc les deux langues officielles doivent être utilisées dans l'enseignement surtout au niveau universitaire. Dans quatre des six universités d'Etat, le français et l'anglais sont utilisés comme langues d'instruction dans les amphithéâtres (les Anglophones et les Francophones s'asseyent cote à cote). L'enseignant emploie la langue officielle qu'il maitrise le mieux pour ses cours, et l'étudiant aussi prend des notes et lors des compositions utilise la langue de son choix. Cependant, la pratique du bilinguisme dans l'enseignement supérieur du Cameroun rencontre quelques problèmes.

Le premier de ces problèmes est que la plupart des cours sont dispensés en français ; ce qui est le résultat de la supériorité numérique des enseignants francophones. Cette situation est déplorable pour les Anglophones qui pensent qu'on les a trompés. Des études menées à partir des faits montrent qu'à l'université de Yaoundé I et II, 80% des cours sont dispensés en français et seulement 20% en anglais.

2- L'unité nationale

C'est le fait d'avoir tous les différents partis d'un territoire liés entre eux. Dans ce sens, l'unité nationale peut être définie comme une union effective des peuples d'une nation guidée par des lois communes et acceptables, un gouvernement et un territoire bien définis.

L'unité nationale fut formulée pour assurer la cohésion parmi les différents groupes ethniques du Cameroun. Mais il est nécessaire de souligner que cette politique fut d'abord instaurée pour influencer la fusion des deux Cameroun. Il y avait un besoin de réunir des gens qui ont hérités de la culture anglaise et française. Le président AHIDJO adopta alors cette politique d'unité nationale au Cameroun après la réunification en 1961.

Amadou AHIDJO déclara : « l'unité nationale dans un champ de construction nationale n'a ni Ewondo ni Douala, ni Bamiléké ni Boulu, ni Foulbé ni Bassa, nous sommes tous un et tout simplement des Camerounais ». Cette politique interne d'unité nationale devint plus tard le concept d'intégration nationale quand Paul BIYA devint président en 1982.

Considérons le Cameroun comme une nation de création spéciale, l'intégration nationale peut être définie à partir des mêmes perspectives. « Nationale » veut dire : « appartenant à la nation entière mais pas une partie à l'exception des autres nations ». Willard JOHNSON considère la politique d'intégration comme un processus par lequel les interactions politiques deviennent plus systématiques. Professeur Elisabeth JELIN donne à l'intégration nationale une autre connotation. Pour elle

« l'intégration peut être l'engloutissement ou la disparition de deux ou plusieurs groupes séparés pour la formation d'un groupe homogène. Ceci n'implique pas une uniformité ou une domination totale de toutes les différences, exception faite de ceux qui nuisent à la cohésion ».

A partir de ces définitions, l'intégration nationale dans le concept camerounais peut être le processus par lequel tout le peuple camerounais sans exception devient des membres entiers de la nation et sont pleinement et ce de façon équitable inclus dans les activités du pays sans aucune restriction. L'intégration est généralement atteinte à travers l'assimilation qui peut être soit une assimilation du groupe minoritaire, soit une assimilation du melting-pot.

Avec l'assimilation du groupe minoritaire, les groupes

minoritaires abandonnent leur culture et adoptent ceux du groupe majoritaire surtout quand le groupe majoritaire donne certains avantages aux groupes minoritaires. L'assimilation du melting-pot au contraire s'acquiert par un processus graduel des échanges sociaux entre les membres de la majorité et les cultures de la minorité .Ceci amène à une nouvelle culture hybride avec l'intention de les rendre homogène. Paul BIYA a donc considéré l'intégration nationale comme l'ultime moyen pour atteindre l'unité nationale. Il dit :

« il est nécessaire d'inculquer à tous les Camerounais le sens de leur solidarité existentielle qui est la base de développement de ces forces essentielles dont le pays a besoin pour un progrès rapide. Nous devons donc prendre en considération l'intégration nationale qui est le dernier pas qui mène à l'unité nationale. Et qui est une tache historique d'une importance majeure que je dois réaliser avec tous les Camerounais ».

Cependant, l'atteinte de l'intégration nationale au Cameroun est une mission difficile parce que le Cameroun est une conglomération de diversités. Ceci se vérifie parce que l'intégration vient avec des rivalités, des conflits et la notion de « nous » et « eux », avec chaque groupe gardant certains ou presque tous les aspects de ses croyances d'origine. Ces problèmes ont brisé les rêves de l'unité nationale. La question qui mérite une réponse est celle de savoir jusqu'ou Paul BIYA a assuré la cohésion interne parmi les différents groupes rivaux du Cameroun.

3- Décentralisation

C'est le processus par lequel le pouvoir est transféré de l'organe central de l'Etat à la population locale. Le pouvoir délégué de l'autorité centrale est alors géré au niveau local par des personnes élues. A travers cela, les entités décentralisées exercent une forme d'autonomie fonctionnelle et financière. Cependant, l'autonomie en aucun cas ne voudrait dire indépendance car ces entités devront toujours rendre compte au pouvoir central. Certains pays ont employé la politique de décentralisation en créant des régions dans les différents Etats. La décentralisation peut être menée au niveau politique, fiscal et financier. Comme exemple clé, nous pouvons citer l'Italie, l'Espagne et la République Sud Africaine.

Une étude la constitution du 18 janvier 1996 montre des efforts faits par le gouvernement du Cameroun envers la décentralisation. La partie 8 de cette constitution sur les régions et les autorités locales révèle que la décentralisation est une réalité. En 2004, il a été voté à l'assemblé nationale une loi qui établissait la création des régions à partir des provinces existantes.

La décentralisation a plusieurs avantages. C'est une forme de gouvernance participative par lequel les décisions sur les allocations des ressources rares et dont tout le monde a besoin rapprochent les gens du gouvernement. La décentralisation effective peur aussi faciliter l'innovation et l'expérimentation pouvant améliorer la qualité de service. Cependant la décentralisation en tant que politique n'est pas une solution mais des mesures doivent être prises pour voir le transfert de pouvoir de l'autorité centrale au gouvernement local pour avoir des résultats espérés.

Par conséquent, le processus de décentralisation doit être bien géré. La décentralisation ne doit pas être seulement un lien entre le gouvernement central et local mais il doit avoir une communication effective pour maintenir ce lien pour avoir de bons résultats. La communication peut constituer un frein à la corruption et faciliter la transparence. Le gouvernement central doit s'assurer qu'il y ait une distribution équitable des ressources aux gouvernements locaux. Il doit aussi construire des structures de ces gouvernements locaux.

 La décentralisation devient ineffective dans une zone lorsqu'on attribue des tâches au gouvernement local sans prévoir des locaux pour les accueillir. L'autorité centrale devrait rendre les ressources disponibles pour faire recours aux experts pour qu'ils aident les différentes municipalités. De plus, le gouvernement central doit autoriser et encourager le partenariat entre les gouvernements locaux et d'autres organisations de la société civile qui peuvent les aider. La décentralisation ne devrait être limitée à un seul domaine. Elle doit inclure les domaines spécifiques tels que les domaines politiques, fiscaux et financiers.

Le conseil local a le statut d'un corps coopératif sous les lois internationales. Le conseil local est une unité administrative décentralisée. C'est une autorité locale qui établit des lois et règlements, et prennent des décisions concernant une zone donnée. Une localité peut être un village, une ville ou une cité.

Un conseil local connecte l'administration centrale au bas

peuple. Le pouvoir est transféré de l'administration centrale au conseil local pour favoriser le développement. Par cela, les membres du conseil local apprennent à gérer le budget et à équilibrer les besoins de la municipalité et les ressources rares qu'on leur a données.

Certaines des tâches du conseil local incluent la création et la maintenance des routes, des ponts, dans leurs localités respectives. Ils doivent aussi prévoir des librairies, des musés et des zones de sport. Les fonds pour ces projets proviennent directement des taxes qu'ils prennent aux hommes d'affaire, aux éleveurs, aux chauffeurs etc. Cependant, le conseil local rencontre beaucoup de défis. Parmi ces défis, nous l'insuffisance des revenus et ressources alloués à la résolution de leurs différents problèmes.

Ceci est dû au fait que le gouvernement central néglige ses responsabilités qui est d'améliorer les ressources de ces localités. Certains font face au manque de personnels qualifiés et leurs moyens de contrôle et de gestion des taxes payées ne sont pas appropriés ; ce qui favorise la fraude et le détournement. Un autre problème est le fait que certains travailleurs n'appartiennent pas au parti politique du maire ; ce qui rend les choses difficiles pour le maire.

4- Rigueur et morale

La politique de la rigueur et de la morale est une création du président Paul BIYA lorsqu'il prit le pouvoir le 06 novembre 1982. Vingt cinq ans plus tard, la vie de la nation nous montre jusqu'ou ces buts ont été atteints depuis l'arrivée du président BIYA. La rigueur et la morale sont devenues des axes de la philosophie politique qui cherche à introduire la bonne gouvernance dans la composition génétique de la politique camerounaise. Dans les vingt cinq ans passés, Paul BIYA a systématiquement promu la bonne gouvernance dans tous les aspects de la vie nationale. Il n'a jamais cessé de combattre la corruption, jusqu'à créer un programme national de gouvernance. En décembre 1995, Paul BIYA a prescrit l'élaboration et la mise en place d'un programme national de gouvernance qui fut approuvé en juin de la même année. L'élaboration des plans d'action fut menée en association avec les partenaires au développement. Le premier ministre chef du gouvernement a identifié des secteurs comme les réformes administratives, l'amélioration de la gestion financière économique, la lutte contre la corruption et bien d'autres, pour atteindre l'objectif de la bonne gouvernance.

Des efforts pour assurer la transparence dans l'attribution des marchés publics sont mentionnés dans le décret N° 2000/15 du 30 juin 2000. Ce décret porte nomination des observateurs indépendants qui ont pour but d'examiner et voir si les règles de la transparence et les principes de l'équité sont respectés dans l'attribution des marchés publics. Le président, lors de son discours à la nation, a condamné la détermination de la fraude fiscale et la corruption. Après son discours, les journalistes des médias publics ont confirmé dans leur analyse que le chef de l'Etat était déterminé à lutter contre ce cancer social qui est la corruption. Quelques jours après ce discours, le président a relevé de leurs fonctions deux autorités judiciaires coupables de corruption. On l'a perçu alors comme une personne qui prenait le taureau par les cornes. Le 19 janvier 2005, une campagne nationale anti-corruption dans la province du Sud Ouest avec pour but d'accroître la mise en garde du public à propos de la corruption et de ses effets. La caravane passa dans tous les dix provinces du Cameroun et s'acheva le 26 mars 2006. En grand titre dans l'ordre du jour de la réunion du début d'année sur la gouvernance, la lutte contre la corruption au niveau provincial y figurait. Des efforts donnent les impressions fausses que le Cameroun combat mieux la corruption que tous les autres pays Africains. Quand Paul BIYA succéda Amadou AHIDJO en 1982, il affirma que la philosophie de son régime était la rigueur, l'intégrité et la morale. Son message voulait dire qu'il ne tolérerait pas la corruption au Cameroun. Plusieurs fois en vingt sept ans de règne, il a fait la même remarque à propos de la corruption.

Pour récompenser les efforts du président Paul BIYA, transparency international classa le Cameroun comme premier pays corrupteur du monde entier successivement en 1998 et 1999. Transparency international n'avait pas besoin des détails des recherches scientifiques pour arriver à cette conclusion. La corruption est visible à tous les niveaux de la vie au Cameroun car tout le monde est corrompu : les maîtres d'école, les policiers, sans compter la commercialisation de la justice etc.

Le Cameroun continu à se noyer dans cette corruption et est incapable de créer des structures capables de l'éradiquer car ces structures seront soit noyées dans la corruption, ou confrontées à des organes corrompus ayant un pouvoir supérieur à la leur. La corruption est tellement plosive au Cameroun qu'on croirait que personne n'est honnête. Le problème est si profond que les tris de quelques rares personnes qui demeurent honnêtes dans les secteurs corrompus ne sont pas entendus.

5-L'unité dans la diversité

L'unité et la diversité dans le contexte camerounais signifie la reconnaissance et la protection de la diversité assurant l'égalité, le respect mutuel et la coexistence pacifique et la promotion des traditions et coutumes avec la volonté de demeurer une nation forte et unie. Le gouvernement du new deal entend réaliser cela par une décentralisation complète et en unissant toutes les cultures et les sociétés ethniques du Cameroun ; ce qui aura pour conséquence d'assurer une plus grande participation de la population aux affaires publiques par la décentralisation, les lois et règlements et l'installation des nouvelles institutions pour s'assurer du respect de la constitution. Le souhait du gouvernement du new deal est que la décentralisation se fasse dans un système unitaire. Les officiels nommés auront un pouvoir de supervision sur les autorités locales élues qui eux-mêmes auront des pouvoirs limités à la nomination du personnel junior et la croissance des revenus locaux. Le système de décentralisation est encore en phase d'instauration au Cameroun et lorsque ce processus sera achevé, les autorités municipales auront d'énormes pouvoirs dans le domaine de l'éducation, de la santé et d'autres services. La vision du gouvernement du new deal est de donner le pouvoir en entier aux autorités locales et d'arrêter les affronts entre les autorités nommées et les autorités élues. Ce qui voudrait dire que le système de nommer les délégués du gouvernement sera aboli.

Le système de décentralisation ou du partage de pouvoir peut être effectif au Cameroun si seulement le régionalisme et le sous nationalisme sont supprimés. Pour éviter des rivalités futures au Cameroun, la théorie de décentralisation à travers la « co-associationalisme » doit être appliquée. La co-associationalisme voudrait dire que les Camerounais Anglophones et Francophones seront représentés de façon proportionnelle dans la gestion des affaires de l'Etat. Chaque groupe devra donc être autonome et avec des droits de veto de se défendre contre toute imposition.

Cela voudrait aussi dire que les différents groupes soudés dans le Cameroun Anglophone et Francophone partagent l'administration de façon proportionnelle. Troisièmement, cela reviendrait à dire que les partis politiques ne devraient plus avoir des bases ethniques. Toutes les régions, les groupes ethniques et les partis politiques prendront part activement aux affaires de l'Etat. Ces groupes devront être protégés et la cohésion interne, la concorde et l'harmonie devront également régner. Pour que tout ceci soit une réalité, il faudrait une volonté politique forte de la part des Camerounais de vivre ensemble.

6- La politique étrangère du Cameroun

La politique étrangère peut être aussi appelée relation entre les Etats par des représentants officiels. L'indépendance politique du Cameroun de 1960 et 1961 lui donna une souveraineté internationale. C'est le chef de l'Etat qui détermine la politique étrangère. L'application de cette politique est faite avec l'aide du ministre des affaires étrangères.

La politique étrangère camerounaise est basée sur l'établissement des relations avec tous les pays sur la base de l'équité, respect mutuel de la souveraineté et la non interférence dans les affaires internes des autres pays. En d'autres mots le Cameroun est une nation libre, amie de tous ceux qui acceptent et respectent sa souveraineté et l'intégrité de son territoire. Ce sont là les points cardinaux de la politique étrangère du Cameroun.

Il doit assurer la paix et la sécurité de son peuple et de ceux du monde. Une telle politique doit contribuer à l'harmonisation des relations internationales et la création d'une communauté internationale humaine réelle. Selon le président Paul Biya cette politique crée une plus grande interdépendance entre les êtres humains, assure l'autonomie des nations faibles et protège leur liberté à travers la coexistence pacifique.

Depuis la politique étrangère du Cameroun est classé dans le cadre des non aligné ; une politique qui a pour but de ne choisir aucun coté dans les différents idéologies qui ont divisé le monde de la première mondiale jusqu'en 1990. Ceci est la raison pour laquelle le Cameroun ne faisait pas partir du Commonwealth jusqu'en 1990.mais de nos jours il est membre de tous organisations en plus d'avoir des ambassades dans plusieurs pays du monde entier.

Critique

C'est à travers la diplomatie qu'un pays trouve son indépendance selon Biya les doivent être maitre de leur destin. Mais la politique étrangère du Cameroun est encore dépendante de le France. Quand Biya pris le pouvoir en1982 il promit de donner une nouvelle dimension aux affaires étrangères du Cameroun pour lui il voulait que le Cameroun ait des diplomates partout ou l'intérêt des camerounais à besoin d'être protégés. Mais cela ne semble être le cas puisqu'il a été beaucoup absent à beaucoup de plate forme internationale en Afrique et même au delà. Pourtant Ahidjo qui était un membre fondateur de l'OUA était présent à tous ces sommets. Avant que le Cameroun n'abrite le sommet ce l'OUA en 1996(sommet annuelle), Biya n'avait participé qu'au sommet de 1984 depuis son arrivé au pouvoir. Il a occupé le poste de président de cette organisation de 1996à 1998 mais était absent lors du prochain pour passer la main à un autre président. Lorsque l'OUA devint l'UA il n'était pas présent.

Questions de fin de cour

1-Laquelle des phrases suivantes est concernant le Cameroun est-elle vraie ?

    a-c'est un pays bilingue

    b- les camerounais sont bilingues

    c- le français et l'anglais sont régulièrement parlés au Cameroun

d-les anglophones et les franque phones vivent comme des frères et sœur

2-qu'est ce la notion de bilinguisme à apporter aux camerounais ?

a- unifier les camerounais

b- apporter les divisions et la haine

c- réduire le taux de corruption et du favoritisme

d- tout ce qui précède

3-Intégration nationale se fait à travers l'assimilation. Laquelle des suivant n'est pas un type d'assimilation ?

a- l'assimilation de melting pot

b- l'assimilation du groupe minoritaire

c- l'assimilation du groupe majoritaire

d- aucun de ce qui précède

4-Le processus par le quelle le pouvoir est transféré l'organe central de l'état à la coopération est appelé.

a- décentralisation

b- unité nationale

c- administration locale

d- amalgame

5- cocher la phrase correcte à propos du Cameroun

a-tous les camerounais sont corrompu excepté une personne

b- tous les secteurs du Cameroun ne sont pas corrompus

c- tous les corrupteurs sont enfermés à la prison centrale de Yaoundé

d- le gouvernement camerounais fait des efforts pour lutter contre la corruption

LEÇON SIX : LA GOUVERNANCE, LES ELECTIONS ET LA SOCIETE, CIVILE AU CAMEROUN

Après, cet étude, l'étudiant sera capable de :

- identifier les différentes étapes du processus de démocratisation au Cameroun
- évaluer la politique étrangère camerounaise sous le régime du président Amadou Ahidjo et du président Biya

Plan du cours :

Section une : le processus de démocratisation au Cameroun

- les différentes élections après 1990
- les différents organes électoraux.

Section deux : la société civile

- comprendre la société civile
- les différentes parties de la société civile au Cameroun

Section trois : la politique étrangère au Cameroun

- les bases de la politique étrangère du Cameroun
- évaluation de la politique étrangère d'Ahidjo et de Biya

Section une : processus de décentralisation au Cameroun

La dernière décennie du vingtième siècle marque le point tournant de l'histoire politique du Cameroun. Le deuxième vent de changement qui a soufflé sur l'Afrique après le premier (qui a apporté l'indépendance aux pays Africains) avait pour but de changer les gouvernements dictatoriaux qui existaient en Afrique. Plusieurs pays furent forcés d'emprunter le train de la démocratie en ouvrant la porte au multipartisme[1].

Au Cameroun le processus de démocratisation est effectif au Cameroun avec un gouvernent dirigé par un pouvoir exécutif. Le processus fut initié en 1989 lorsque Yondo black essaya de former un parti politique. Il fut traduit devant le tribunal militaire. Cette première tentative d'introduire le multipartisme au Cameroun fut suivi par la création du Social Democratic Front a Bamenda par John Fruh Ndi. La violence entre la société civile et les forces de l'ordre entraina la mort de six civils. Pour répondre à cette demande du peuple, le gouvernement camerounais promulgua la loi de liberté d'association et d'appartenir à un parti politique de son choix. Cette loi fut promulguée en décembre 1990. Cette loi était pour ouvrir la porte aux parties politiques et les partis furent réellement crée à partir de 1992. Ce qui suit est un examen des différentes élections et processus électoral au Cameroun.

Elections et systèmes électoral au Cameroun
Les élections au Cameroun

Les élections dans un pays demeurent l'un des éléments importants de la démocratie. C'est le moyen par lequel les citoyens participent à la prise de décision dans leur pays en sélectionnant leurs représentants qui décideront à leur place. Parlant de l'importance des élections au sein d'une démocratie un programme de développement des nations unies «l'élection est l'un des moyens les plus importants utilisés par les citoyens pour participer a la prise des décisions qui affectent leur vie et obligent leur représentant à ne pas les décevoir ». Depuis l'introduction du multi partisme au Cameroun plusieurs élections ont déjà été organisées ; les élections municipales et législatives et présidentielles.

Les premières élections furent organisés au Cameroun en 1972 le tout premier fut l'élection législative du 21 mars. Ces élections furent boycottées par le S.D.F.et l'UDC. Ces partis politiques ont donnés comme raison le non garanti d'une loi pour des élections libres et transparentes.

Les résultats de ces élections donnèrent 99siège à l'opposition contre 88siège pour le parti au pouvoir. 90 sièges partagés entre l'UNDP(68) l'UPC(80) le MDR ne glana aucun siège cependant le parti au pouvoir le RDPC obtint la majorité des sièges à l'assemblée lorsque l'UPC et le MDR se sont joint à lui. Lors des élections présidentielles qui eu lieu 6 moi plus tard c'est-à-dire en octobre 1972, le président Biya obtint 39% contre 36% pour John Fruh Ndi. Cependant les organisations internationales à l'instar des observateurs américains notèrent plusieurs irrégularités même comme la cour suprême avait déclaré qu'il y a eu des irrégularités elle ne fit rien certain source déclarait que John Fruh avait gagné les élections John Fruh Ndi s'autoproclamâmma président du Cameroun il fut alors mi sur résidence surveillés et état d'urgence fut décrétée dans la province du nord ouest ce qui occasionna des violences.

Certain camerounais originaire de l'ouest et du nord ouest appelés « Anglos-bamilékés » furent chassés de certain village du sud. Les sudistes composés en majorité des bétis et ewondo qui était la tribu d'origine du président Biya voyait les populations de l'ouest et du nord ouest comme des ennemis.

En 1997 les deuxièmes élections parlementaires et présidentielles furent organisées dans ces secondes élections le parti au pouvoir gagna avec une majorité de 106siège suivi par le sdf avec 43siège. UNDP et UDC eurent respectivement 14 et 5siège alors que le MDR l'UPC et le MLIJC eurent chacun un siège. Les élections qui ont suivi en octobre de la même année furent gagnés par le RDPC pour la deuxième fois cependant le président Paul Biya invita certain parti d'opposition à rejoindre le gouvernement.

Le 30juin 2002 suivant l'adoption du mandat municipale de la constitution de 1996 les élections municipales et législatives furent organisées une fois de plus les observateurs dénoncèrent les fraudes électorales certain déclaré que le Cameroun est reconnu au système de parti unique. Les accusations similaires furent formulées lors des élections présidentielles de 2004 lorsque Paul Biya obtint une victoire écrasante car l'opposition n'avait pas pu se décider à envoyer un candidat unique lors ces élections. Les élections tant au Cameroun que dans les autres pays africains ont toujours été controversé ce qui fait que les citoyens n'aiment plus tellement aller aux urnes ils ont perdu foi aux élections.

Au Cameroun la chute du nombre d'électeurs ont commencé à ce faire sentir lors des élections de 1992 et 1997 les observateurs internationaux ont déclaré que 65% d'électeurs ont pris par aux élections présidentielles de 1992 et 25%pour celui de 1997. Ils ont aussi déclaré que lors de dernières élections présidentielles sur 8 millions de personnes à l'âge de voter seulement 3.5 millions ont pris aux élections. Cette faible participation aux élections montre que la plupart de ceux qui élu le sont par une minorité de la population. Cette faible participation montre que le peuple n'a plu confiance à la machine électorale de leur pays.

Le système électorale au Cameroun

Bien qu'il existe plusieurs différents systèmes politiques dans le monde, il n'en existe que 3. Lors des élections l'organisation est souvent assurée par plusieurs institutions. Dans le premier système électorale l'organisation est fait par le ministère de l'intérieur qui au Cameroun est le ministère de l'administration territoriale et de la décentralisation. Les élections de 1992 et 1997 furent organisées par cette institution.

Le second système électorale qui inclue plus d'un organisateur est fait à la fois par le ministère de l'intérieur qui donne le matériel pour l'organisation et une commission qui s'occupe de l'organisation technique. Les élections législatives et municipales de 2002 et les élections législatives et présidentielles de 2004 et 2005 furent organisées par ce système. Ces élections furent organisées par le ministère de l'administration territoriale et de la décentralisation et par l'observatoire national des élections (ONEL).

Le troisième et dernier système électoral est composé d'une commission nationale indépendante qui à le devoir d'organiser et de gérer le processus électorale en entier. La plupart des partis d'opposition ont opté pur ce système électorale.   Certain politique et leader d'opposition ont porté critique à ce système électoral au Cameroun le gouvernement a réagi en faisant des changements dans ce système électorale.

Le changement dans ce système fut en 2000. Deux lois importantes furent adoptées par l'assemblée nationale et promulguée par le président de la république. La première loi concernait le financement des partis politiques et la seconde loi la création de l'observatoire nationale des élections. Cette structure avait pour mission d'organiser des élections libre et transparente. Cependant cette structure fit face aux critiques puisque lors des élections législatives et présidentielles de 2004 plusieurs irrégularités ont été observées. Les critiques ont affirmés que l'ONEL étaient incapable d'organisés des élections à cause de leur lien avec le pouvoir exécutif en d'autres termes il n'avait pas reçu tous les pouvoirs lui permettant de faire face au régime en place basé sur ces critique d'autres changements furent apportés à ce système électorale en décembre 2006.

En décembre 2006 l'assemblée nationale adopta la loi No 2006/011sur les élections aux Cameroun et fut promulguée par le président en le 29 décembre 2006 bien qu'il devait être opérationnel en juin 2008 le président lui ajouta 6 mois. Cette loi porta création de l'election Cameroun(ELECAM).

Il devait être opérationnel dans 18 mois c'est-à-dire en juin

2008 mais le président ajouta encore 6 mois lors de la session parlementaire de juin 2008. Selon la section4(1) de la loi ELECAM doit organiser gérer et superviser les élections et référendum ceci revient à dire qu'il doit contrôler le processus électorale jusqu'à la proclamation des résultats ELECAM doit être indépendant et pour cela il doit être composé des gens irréprochables n'ayant aucun lien avec ni le parti au pouvoir ni les partis d'oppositions. En bref, ELECAM doit avoir es main libre lors de l'organisation des élections.

Cet organe doit être composé d'hommes et des femmes intègres, neutres et très patriotes. Le trois décembre 2008, un décret présidentiel fut signé nomment les membres d'ELECAM. Ces membres sont : Mbomba Nkolo Cécile, Njeuma née Effange Dorothy, Sadou Daoudou, née Lady Bawa, abdoulaye Bbale, Adamou Ali, Ebanga Ewolo Justin, Efangdene Bekono Pierre Roger Ejake Mbouda Thomas, Foukam Samuel Azu'u, Mana, Nschanwangele Jules, Massi G. Dieudonné et Mbonda Eli. Un autre décret présidentiel nomma Fonkam Samuel et Ewodo Justin au poste de président et vice président d'ELECAM respectivement. Ils prêtaient serment à la cours suprême de Yaoundé le 29 janvier 2009.

Cependant ELECAM fut accueilli avec des sentiments partagés certaines personnes pensaient que ELECAM était incapable de remplir sa mission car ils ne pouvaient pas organiser des élections libres et transparentes puisque 9 de ses 12 membres ont été des membres du parti au pouvoir(RDPC) avant leur nomination. Lors de leurs investitures les membres du corps diplomatique ont boycotté la cérémonie. L'ambassadrice des

USA affirma qu'elle a fait parce qu'elle ne jugeait pas que ELECAM ne pas un organe crédible d'autres camerounais soutenaient que ELECAM est un organe et doit leur laisser une chance.

SECTION 2 : la société civile

La société civile forme l'un des quatre segments de la société (la société générale, la société civile, société politique et l'état) l'organisation de la civile travaille avec l'état mais est différente de l'état les membres de la société civile provienne de tous les domaines de la vie sociale ils s'organisent de façon à protéger leur intérêt qui la plupart du temps est le respect du principe des droits de l'homme la promotion de la démocratie ou delà bonne gouvernance.

A la différence des paris politiques qui ont pour seul but de prendre le pouvoir l'organisation de la société civile ne lutte pas pour l'acquisition du pouvoir ou un poste administratif mais pur travaillé en collaboration avec les partis politique et ainsi influencé positivement sur leur action. Bien que les organisations de la société civile proviennent de plusieurs ayant intérêt est public et pas privé.

La loi du 19 décembre sur la liberté d'association a été favorable à la société civile qui pendant des années est resté inactif les groupes qui peuvent faire partir des organisations de la société civile sont : les organisations religieuses, les groupes de femmes, les syndicats, l'association des consommateurs, l'association des paysans, l'association des jeunes, le club des intellectuelles, les médias, les étudiants. Ces groupes continuent à servir en tant que agent pour la diffusion des informations puisqu'ils ont prouvé qu'ils sont des partenaires vitaux dans la sensibilisation sur les problèmes sociaux tels que le SIDA.

Au Cameroun les églises chrétiennes en particulier les églises catholiques romaines et l'église presbytérienne, à travers des lettres ont dénoncé certain problèmes lié à la bonne gouvernance tel que : la corruption, le tribalisme, le problème des anglophones etc.

Avec la loi du 3 avril 2000 fixant les modalités de la création des entreprises audiovisuelles Cameroun de plusieurs chaines de radios et télés. Les médias au Cameroun sont divisés en 2 groupes l'un supportant le régime en place et supportant les partis de l'opposition. Parmi ces chaines nous avons la cameroon radio and television(CRTV) canal 2 international, équinoxe (chaines télévisions) et maisons de presses telles que *le patriote, le témoin, le messager, la nouvelle expression, chalenge hebdo, galaxie, Cameroun poste etc.*

Les syndicats au Cameroun ont aussi joué un rôle en influençant sur les actions de l'état. Parmi ces groupes nous avons des syndicats de l'enseignement supérieur(SYNES) crée le 1er juin 1995 pour décrier les conditions d'enseignement déplorable. Nous avons aussi l'association des enseignants du Cameroun le syndicat des enseignants la confédération des associations des parents et enseignants anglophones du Cameroun et la fédération camerounaise des syndicats de l'enseignement(FECASE). Ces groupes ont lutté pour les problèmes qui minent l'éducation au Cameroun et pour la création du Cameroon G.C.E Board. Le syndicat des étudiants dans les institutions de l'enseignement supérieur qui ont souvent déploré les conditions d'études. Nous avons aussi l'association des droits des étudiants au Cameroun.

Par des grèves et des pressions ces groupes ont contribué à la promotion de l'équité, influencé le processus électorale et la création des corps électoraux tels que l'observatoire nationale des élections et election's cameroon.

Cependant pour que la société civile au Cameroun joue son rôle en tant que partie importante de la société comme le gouvernement et le secteur privé certaine mesure doivent être prise par le gouvernement pour encourager la société civile. Les citoyens doivent être encouragés à prendre part au processus et aux institutions politiques du pays. Il devra aussi donner de l'aide à la société civile sur leur fonctionnement.

La société civile peut être encouragée par le renforcement de la culture politique et démocratique du pays ceci peut être fait en améliorant l'enseignement de l'éducation civique
Dans les écoles et les institutions universitaires. Et par déçu tout le gouvernement devra compte à la société civile surtout pour ce qui est de la gestion financière. La gestion des entreprises des institutions et organisations de l'état doivent être rendu public ce n'est qu'après tout cela qu'on pourra parler de bonnes gouvernance dans le pays.

PARTIE TROIS ; LES DROITS DE L'HOMME.

<u>Troisième partie :</u>

<u>Première leçon :</u> les droits de l'homme : la notion d'origine et pratiques.

Objectifs et plan du cours.

Objectifs du cours.

Le but de cette leçon est permettre aux élèves de comprendre la notion de droit de l'homme après ce cours, les étudiants serons capable de :

- connaitre les origines de la formation des mouvements des droits de l'homme.

- identifier les différentes catégories des droits de l'homme

- dénoncer les abus des droits de l'homme.

Plan de la leçon :

Section une : comprendre la notion des droits de l'homme.

→ origine et notion de droit de l'homme

→ caractéristiques des droits de l'homme

→ classification des droits de l'homme

Section deux : limitation, documents et violation des droits

→ Limitation, atteinte et non atteinte des droits

→ documents des droits de l'homme

→ violation des droits de l'homme

Conclusion du chapitre

Comprendre la notion des droits de l'homme.

Les droits de l'homme sont des institutions ou les revendications et exigences que chaque personne possède comme vêture entant que personne ou être humain l'application de ces droits est internationale et chaque être humain est impliquer a ces droits respectifs de sa race , couleur, sexe, langage, religion, son domaine politique ou autre opinion nationale, son origine social, propriété, naissance et autres statuts. La notion de droit de l'homme est aussi vielle que l'humanité mais l'appellation « droits de l'homme »est une nouvelle appellation. Le but des droits de l'homme est le respect de la dignité de l'homme, l'indépendance et les libertés. Ces vertus sont puisées dans les cultures du monde et dans certaines grandes religions du monde. Les droits de l'homme cherchent à apporté la joie (dans le temps et dans l'espace) à un grand nombre de personne dans le monde tant en temps que dans l'espace. Les droits de l'homme sont souvent confondus aux droits naturels parce qu'ils sont semblables.

Il est important d'étudier les droits de l'homme et promouvoir les droits de l'homme car, ils cherchent à éradiquer la violence et corriger le comportement de l'homme dans la société. ainsi les droits de l'homme cherchent une meilleur vie dans la société. Ils cherchent donc le remède, secours, les conditions requises, et les possibilités pour une meilleure vie qui assurera l'existence et la survie humaine. En plus les droits de l'homme cherchent à exprimer le mauvais traitement des citoyens par ceux qui ont été appelé à diriger ou par les structures mises en place pour diriger les affaires de l'Etat. En plus les droits de l'homme cherchent à donner des solutions aux problèmes particuliers.

Au début, les droits de l'homme étaient uniquement les droits moraux, ils n'étaient pas organisés dans un code ou dans un système. Ils étaient bases sur le principe de réciprocité : « ne fait pas aux autres ce que tu n'aimerais pas qu'ils te fassent pour toi ». Ils sont donc basés sur la raison ou sur la conscience. C'est avec le temps que les droits de l'homme ont bénéficié de la protection des lois et des constitutions tant internationales que nationales et les lois domestiques. Ainsi, ils peuvent être réfères aussi bien au droits morales qu'aux droits légaux.

L'origine et la notion des droits de l'homme.

La notion de droits de l'homme a existé plusieurs millier d'années avant JC elle fit ses premiers pas dans la philosophie grec. On la trouvait aussi dans les enseignements des anciens philosophes tels que Platon et Aristote. Les plus grandes religions du monde comme le christianisme et l'islam (ad622) ont rudement défendus et soutenu ces droits de l'homme dans leurs pensées fondamentales centrées sur la paix, l'amour, la gentillesse et la justice envers autrui. Ils considèrent une personne comme un individu étant crée à l'image de son créateur et donc possédant certains droits inaliénables qui ne peuvent pas être négligé par un gouvernement ou par une institution.

Le début du 13eme siècle a connu la codification des droits de l'homme et la liberté dans de nombreuses chartes qui, ont places la fondation des lois modernes des droits de l'homme. Parmi ces chartes, nous avons la Magma Carta Libertatum de 1215, le Danish Erik Kipling handfaestring de 1282, la Joyeuse Entrée de 1356 à Bratant (Bruxelles) l'Union de Utrecht de 1579(Pays-Bas) et le English Bill of Right de 1689. Ce pendant ces châtres mirent l'emphase sur les droits et libertés, de religion avec beaucoup de précision dans d'autres domaines de liberté. jus qu'ici, les libertés étaient acquis et conférés aux individus ou un groupe par la vêture de leurs rang ou d leurs statuts.

Après le 17eme siècle, un groupe d'individu immergea et transporta la notion de droits de l'homme dans une autre dimension ce qui intensifia énormément à l'évolution du concept de droits de l'homme. La notion de liberté et de droits de l'homme ont changé de la position de privilégié, statu, rang en un   droit qui doit être réjouis d'un droit dont tous le monde doit se réjouir. Ceci a été grandement initie par les théologistes et juristes espagnols. En défendant les droits individuelles les indigènes dans les peuples colonisés par la puissance espagnole, Francisco de victoria (1486-1546) et Bartolomé de las casas (1474-1566) ont énormément contribué en mettant sur pied la fondation pour la reconnaissance des droits personnels à une échelle élevée. Vasquez de Monchoa a joue un rôle décisif en proposant le concept des lois naturelles, naturaliste qui a aussi donné un grand élan dans l'évolution du concept et de la notion de droits de l'homme. Basant sa philosophie et ses arguments sur les principes d'individualisme, il déclara qu'en ce qui concerne les droits, tous les individus les acquière naturellement. Ceux qui ont aussi beaucoup marqué l'évolution de la notion et du concept des droits de l'homme furent Hugo groteus (1583-1645), frchesco Suarez (1548-1617) et Gabriel Velázquez (1549-1602) ils ont centré leurs arguments sur le besoin de la liberté humaine basé sur l'idéologie du ius *naturalis* ou du rationalisme de l'homme. Entre le 17eme et le 18eme siècle pendant la période du raisonnement et de la lumière le concept de libertés ou des droits de l'homme. vit un autre développement important. Les défenseurs des droits de l'homme pendant cette période était Hugo Groteus, qui était considéré parmi tant d'autres comme le fondateur de la loi moderne internationale, Samuel Von Pufendorf (1632-1694),. L'élaboration de John Locke du concept des droits naturels qu'il focalisa sur le droit de la vie, la liberté et la propriété a fit de l'effet en Europe pendant le siècle de lumière. Jean Jacques rousseau a focalisé ses arguments pour la promotion de la notion de liberté et des droits sur un contrat social à partir du quel les gouverneurs ou les dirigeants prennent leurs pouvoir et les citoyens leurs droits. Le terme droit de l'homme a été promulgué officiellement pour la première fois dans la déclaration française des droits de l'homme et du citoyen(1789) à la période de la révolution française.

De l'Europe, la notion de droit de l'homme s'est rependue en Amerique du nord ou elle fut adopté comme un idéal populaire pour les américains sous la dominance de la puissance coloniale britannique. La déclaration de l'indépendance Américaine le 4 juillet 1776 était basé sur les théories de liberté, d'égalité, de droit de la vie, la liberté et l'indépendance de la joie et ou l'exécution. Ces idéaux ont été adoptés dans la charte des droits dans le régime de Virginia au cours de la même année.

La déclaration Américaine d'indépendance, la déclaration française des droits de l'homme et du citoyen de 1789 et la déclaration de 1793 ont propulsé la notion de droit de l'homme sur à la scène internationale. Le mouvement de droit de l'homme du 18eme siècle et du 19eme siècle centré au sur ce qui sera connu comme droits classiques qui ont mis l'accent sur la liberté individuelle.

Ce pendant, de nombreux savants déclarent que la responsabilité revenait au gouvernement d'améliorer le bien être, les conditions de vie de ses citoyens dans le domaine de l'emploi, de la santé publique et de l'éducation. L'incapacité de remplir ces conditions donna aux citoyens le droit d'accuser et de juger leurs gouvernements (ceci est connu aujourd'hui comme le deuxième et la troisième génération des droits) aux 18eme et 20eme siècles, les droits classiques se trouvaient dans de documents valeureux tel que la déclaration française de 1789, la constitution mexicaine de 1917, la constitution de l'union soviétique de 1918, et la constitution germanique de 1919. C'était principalement basé sur la notion des droits classiques promulgues par le président américain franklin. Roosevelt, qui stipula que la liberté de vouloir constitue l'un des quatre fondements des libertés (PM)

Les droits classiques des 18eme-19eme siècles se rapportaient à la liberté des hommes. Même en ce moment, certaines personnes pensent que les citoyens ont le droit de mettre la pression au gouvernement pou l'amélioration de leurs conditions de vie. Prenant en compte le principe d'égalité tel que décrit dans la déclaration française de 1739, plusieurs constitutions esquissées en Europe au tour de 1800 constituaient les droits classiques, mais incluaient aussi les articles qui donnaient au gouvernement les responsabilités dans le domaine de l'emploi, le bien être, la santé publique et l'éducation. Les droits sociaux de ce genre étaient aussi volontairement inclus dans la constitution mexicaine de 1917.

Le 19 $^{e\ siècle}$ également a vue la naissance de la première intervention pour la protection des minorités en Europe. Ce fut la signature du traité de Berlin en 1878. Les Etats eurent de nombreuses disputes entre eux en accord avec la protection des droits de minorités en Europe. C'était comme un résultat de ce dont le traité de Berlin de 1878 fut signé comme un argument d'arrangement de la protection internationale.

A la fin du 19e siècle, les droits de l'homme s'étendaient sur le domaine du travaille. Certains pays industrialisés avaient introduit les droits de travail dans leur législation. La nécessité d'apporter la législation à un niveau internationale forcera les états à se consulté et ceci conduisit la convention de Berlin qui parmi d'autres interdit aux femmes les travaux de bateaux dans la nuit. En 1919, la création de l'organisation internationale du travail qui plus tard dressa nombreuses conventions à propos du travail.

Les effets et les atrocités de la seconde guerre mondiale avaient donné un grand élan comme elle attela la fin de la totale possession des citoyens par leurs pays. Plusieurs intellectuels et politiciens déclarent que ce fut un dur attachement pour les perspectives traditionnelles qu'avaient les pays pour décider du traitement de leurs citoyens, ce qui suscita certains des atrocités des deux guerres. En 1945, les droits de l'homme arrivèrent dans le cadre de la loi internationale avec la signature de la charte des nations unies le 26 juin 1945. en 1946 la commission des nations unies sur les droits de l'homme fut établie en 1948, la commission présenta le projet des déclarations universelle des droits de l'homme (DUDH) qui furent adoptés le 10 décembre 1948 à paris par l'assemblée générale des droits de l'homme faisant de ce jour la journée des droits de l'homme. La période entre 1950-1960 était un grand periode pour la prolifération et la propagation des droits de l'homme de plus en plus sur le pays.

Cet engagement fut très loin fortifier lors de la première et la seconde conférence à thera (déclaration et programme d'action, 1993) respectivement. En plus de ces conférences, l'union nationale a tenu d'autres conventions comme le traité internationale sur les droits civils et politiques (TIDCP) et le traité internationale sur les droits économiques, sociaux et culturelles (TIDESC). Ces conventions et la DUDH conduisirent à la création de la charte des droits de l'homme.

Au niveau régional, de nombreux processus ont été mis en place pour promouvoir les droits de l'homme dans les contextes de différents continents. Ces instruments ont soutenu la fondation pour le développement des droits fondamentaux à travers le monde.

Caractéristiques des droits de l'homme.

Les droits de l'homme ont certaines caractéristiques de base. Ces caractéristiques aident plus lions à la définition des concepts et aux objectifs des droits de l'homme. Ils sont entre autre :

- l'universalité : chaque être humain indépendant de la position géographique, de la race, de la culture, de la langue et du sexe est doté des droits de l'homme. Elles transcendent le temps et l'espace.

- La garanti internationale ou la protection : les droits de l'homme sont établis sur la loi internationale spécialement sous le service de la loi referee comme loi publique internationale. Ils sont aussi protégés par les traités internationaux, par des conventions et par d'autres documents important comme la charte des nations unies.

- Protection légal : initialement, les droits de l'homme étaient basés sur la moralité, puisant plus de son autorité sur la moralité, sur l'appel à la conscience et la loyauté des doctrines religieuses. Plus le temps passait ils furent codifiés et protégé par les constitutions et la législation domestique.

- Protégés les individus et les groupes : certains droits furent substitués pour s'occuper des nécessitées or pour protéger les individus pendant que d'autres furent de groupes de droits. Par exemple la première et la seconde génération des droits protégeaient en majorité les droits individuels alors que la troisième génération des droits protégeait les groupes.

- Ne peuvent pas être enlevés: les droits ne sont pas acquis mais ils sont là naturellement offert par le créateur à ses créatures qui ont été crées à son image. Ces droits sont par fois violés mais ils ne peuvent pas être enlevés.

- Egaux et indivisible : les droits ont été divisés en générations ; ce pendant tous ces droits sont d'égale et de même importance. Elles se félicitent et non se compatir.

- Les états astreints et les états acteurs : les membres de la communauté internationale ont la responsabilité de soutenir les instruments ou les structures des droits internationaux de l'homme. Les violations peuvent conduire aux répercussions dans les états à travers les sanctions qui sont souvent distribués sous forme de d'embargos : de rupture des liaisons diplomatique et d'autres mesures internationales. Aussi : les individus peuvent aussi intenter les gens (états acteurs) aussi bien que les états quand ils soufrent ou quand ils sont victimes de leurs violations.

Classification des droits de l'homme.

Les droits de l'homme sont divisés en trois catégories qui référent d'habitude aux générations de droits. Ils sont la première, la seconde, et la troisième génération.

- la première génération des droits : ce sont les droits de base tel que les droits civils et politiques ces droits sont souvent appelés droits bleus ils comprennent :
    - les droits à la vie : nul ne donne la vie et nul n'a le droit de l'enlever. Nul ne destituera quelqu'un de son droit de la vie. Sauf en cas de conformité avec la loi.
    - La liberté de torture ou de traitement inhumain la torture pour quelque soit la raison est interdite par les droits de l'homme même si elle a été condamnée par les gouvernements officiels.

- La liberté à l'esclavage : toutes les formes d'esclavages sont interdites par les droits de l'homme spécialement le trafique humain qui est considéré comme une forme moderne de l'esclavage.

- La liberté de pensé de conscience et de religion. Personne ne peut être obligé à changer ou à modifier sa religion. Aussi, personne n'a le droit de refuser à l'autre de faire parti de religion qu'elle a choisit.

- Le droit de liberté. Saisir ou enlever la liberté à quelqu'un est l'une des grandes formes de l'abus. Cela peut être justifié quand il est fait de manière légale et dans des conditions généralement acceptées. Les arrestations arbitraires et les détentions constituent une violation des droits de l'homme.

- Liberté de mouvement : pour que l'on réalise ses rêves : ses objectifs est de satisfaire ses besoins il a besoin de la liberté de se placé sans être restreins ou empêché. cependant, dans certains cas ce droit peut être limité. Mais ceci doit être faits dans les limites définis et dans n'importe quel cas doit être pour l'intérêt de toute la société. De telles restrictions doivent intervenir quand il inclut la sécurité nationale, la santé publique ou quand les droits des autres doivent être protégés.

- la liberté d'expression : c'est le droit que chaque individu a pour chercher ou acquérir l'inflation. Il inclut le droit que les individus ont pour recevoir les informations de leur choix. Les individus égaux ont le droit de reprendre l'information de tout genre si cela n'enfreint pas sur les droits des autres ou si cette information n'expose pas la sécurité nationale, l'ordre public, la moralité ou la santé. Ce pendant, ceci peut être clairement spécifié par la loi.

- le droit à l'assemblée et l'association paisible.
- Le droit d'association pour un but défini est garanti et promu par le droit de l'homme. Cette assemblage ou appartenance à une association peut être pour des raisons diverses. Cependant, certains préceptes administratifs doivent être suivis pour déterminer le temps, la date, les modalités et les activités du groupe.
- Le droit à l'intimité. Chacun a droit de jouir à l'intimité sans être harceler par d'autres. Les militaires et les lois juridiques les contraintes administratives juridique et militaires violent toujours ce droit tel que les recherches, les arrestations et les recherches dans les points d'arrestation au moment d'acquérir les informations.

- la deuxième génération des droits : ce sont les droits socio-économiques. Ces droits se réfèrent aux droits rouges. Certains de ces droits sont :

- clair essai : chaque personne a le droit de s'éclairer et l'audience juridique pour les charges originaux contre elle. De telles audiences doivent être transport à par les lois compétentes indépendantes et impartiales.
- Le droit au logement adéquat. Chaque personne est appelé à vivre quelque part ou il peut être en paix, et conserver sa dignité. L'aménagement des individus de leurs maisons, pays, voisinage, contre leur volonté est une violation des droits au logement adéquat.
- Le droit à l'éducation. Chaque personne sans exception a droit à l'éducation cela est important et cela l'aidera dans son développement mental, spirituel, et

professionnel.

D'autres lieux ou les lois rouges interviennent sont dans les facilités d'emploi, la qualité des conditions de travail, de salaire proportionnel au travail, la protection et la sécurité social pour la protection privée et intellectuelle.

-       la troisième génération des droits. Ils sont généralement référés aux droits collectifs ils constituent le droit au développement, le droit à la paix et le droit à l'auto-détermination. Ces droits sont généralement référés aux droits verts.

Ce pendant, ces catégories de droits sont indivisibles. Ils ne peuvent pas être séparés mais se complètent entre eux. L'un agit pour satisfaire l'autre. Par exemple la liberté d'expression qui est un droit de base ne peut pas être exercé sans le droit socio-économique, limitation, dérogation et non dérogation des droits.

La limitation des droits est une situation ou certains Etats peuvent décider de placer quelques restrictions sur quelques droits de ses citoyens. Les dispositions sont prises dans certains traités internationaux sur ces limitations. Ainsi de telles limitations sont faites par loi et non par la police, la gendarmerie, ou le militaire. Elles sont pour des buts capitaux ; garantir et protéger la sécurité publique, maintenir l'ordre et la tranquillité, protégé la santé et promouvoir la moralité. (L'homme qui marche nu ne peut causer une offense criminelle mais son droit au déplacement peut être suspendu pour assurer une bonne moralité dans la société.)

Dérogation des droits signifie simplement qu'un droit peut être temporairement suspendu. Cella s'applique dans des rares cas quand cela concerne la sécurité de l'Etat, comme dans les états d'urgence. Même quand ceci s'applique, la population est bien

Informée sur de telle suspension de droits. D'autres corps internationaux aussi comme les nations unies et les membres de la communauté internationale doivent être conscients de telles suspensions. La suspensions des droits doit être dans une très courte période de temps et ne doit jamais causer la discrimination basé sur les principes de race, de couleur, de sexe, de langue, de religion ou d'origine sociale.

Violation des droits de l'homme.

Sur les bases quotidiennes, les droits des êtres humains sont consciemment et inconsciemment bafoués. Ces droits sont à la base violé par les gouvernements administratifs, les particuliers et même par les divers types de gouvernements ou de structures mises en place. Jusqu'à maintenant il a été retenu que les violations des droits de l'homme ont été seulement expérimentées par les Etats contre leurs citoyens. Mais de recherches récentes montrent que les individus ou les civilisés enfreindre aussi sur les droits de leurs concitoyens. Bien que les violations des droits de l'homme sont communes dans les moments de guerres ou de post- guerres, les violations des droits de l'homme sont aussi bien excusé pendant la période de paix quelques exemples des violations des droits de l'homme sont:

- les exécutions : c'est un meurtre commis par les gouvernements administratifs et les actes commis en complicité avec les agents du gouvernement. Ces exécutions se font utilisant des méthodes extrémistes utilisées par la police, les gendarmes, les militaires ou les forces de sécurité. Le résumé de l'exécution est une brèche du droit à la vie.

- La torture: c'est une souffrance physique ou mentale ou une souffrance faite à un être humain directement ou indirectement dans le but d'obtenir l'information ou une confession pour un crime commis par une tierce personne. Bien que la torture est interdite dans la déclaration des droits de l'homme. Cela est spécialement commun aujourd'hui dans nos cellules et prisons.

- L'arrestation arbitraire et la détention. L'arrestation arbitraire et la détention sont communes en Afrique. C'est la dépravation de liberté d'un individu par une autorité sans une justification légale.

- La discrimination : c'est un traitement injuste de l'individu basé sur sa race, sa croyance religieuse, son langage, son statut et sa propriété.

- Le viol et l'exploitation sexuelle : le viol est commun dans les conflits modernes. Dans plusieurs pays en Afrique spécialement dans les conflits armés non international(les guerres civils) le viol a été utilisé comme une arme de guerre pour humilier et intimider les ennemis. Un tel type de viol a récemment été classifié sous la loi internationale comme torture. Aussi quand ceux qui sont à l'autorité utilisent leur position pour gagner de l'argent sexuellement de ceux qui ont besoin de leurs services cela devient une exploitation sexuelle et considérer comme l'une des violations des doits de l'homme

- Les génocides ce sont des actions faites par un groupe contre un autre ayant pour but d'exterminer en générale ou en particulier un groupe national, ethnique, racial ou religieux. Pendant les génocides les groupes qui sont intentes à exterminer s'offrent de la mort des membres et de sévères douleurs physiques ou mentale. Ainsi de nombreuses mesures sont mises en place pour prévenir la naissance dans les groupes et il y a des transferts constants et forcés d'enfant de ce groupe à un autre. Ils sont tous des atroces violations des droits de l'homme.

- L'intolérance religieuse : ceci est quand les membres d'un groupe particulier donné utilisent une manière directe ou indirecte pour prévenir d'autres groupes religieux de l'existence.

- Les crimes de guerres, les exemples de crimes de guerre sont : les tueries volontaires, la torture, de la population civilisée pendant les guerres, et la destruction des sites importantes telles que les tuages, les centres de santé et la propriété.

- Les crimes contre humanité : c'est l'assassinat, l'extermination, l'esclavage, la détention illégale, la prise en hottage, la dépravations de liberté, le viol ou la prostitution forcé sont considérer comme des crimes contre l'humanité quand ils sont effectués comme exercice organisé, systématique et largement rependu contre un groupe ou une communauté.

-	les instruments des droits de l'homme : les instruments des droits de l'homme sont codifiés ou se retrouvent dans des structures légales à travers les quelles la nation et la connaissance des droits de l'homme sont fondés, protégés. Ce sont des pactes (traités) et conventions internationaux. Certains pays comme le Cameroun ont introduit les articles et les convictions des droits de l'homme dans leur constitution nationale. Aussi la création des commissions nationales sur les droits de l'homme par plusieurs gouvernements est allée plus loin. dans le but de renforcé les divers instruments des droits de l'homme. Ainsi dans certains documents internationaux, les décisions de la convention internationales sont exhortatoires, ils sont légalement liés à d'autres spécialement aux Etats qui sont signataires aux tels traités. Ces instruments conservent les domaines clés dans la vie et protègent les individus aussi bien que les droits de groupe. Certains de ces instruments seront évoqués dans ce travail.

Questions structurales :

1- a. qu'appelle-t-on droit de l'homme ?

....
....

b. quel est le but l'objectif des droits de l'homme ?

....

c. pour quoi l'étude des droits de l'homme est-elle nécessaire pour notre société ? (donnez deux raisons).

....

....

      d. quel est l'autre appellation des droits de l'homme ?

....

      e. quand est ce que le concept de droit de l'homme a-t-il été crée ?

....

    2-a. citez deux personnes qui ont largement contribuées dans la création de la fondation pour la reconnaissance des droits personnels au haut niveau.

....

    b- citez deux chartes qui ont mis l'accent sur les droits de liberté, de religions et sur d'autres aspects de la liberté.

....

    c-.que signifie *ius naturalis* ?

....

D. où est ce que le terme droit de l'homme a été officiellement adopté ?

....

e- quand est-ce que l'indépendance Américaine a été déclarée ?

....

3-a- donnez trois caractéristiques des droits de l'homme. ?

....

b- donnez trois catégories de droit de l'homme ?

....

4- expliquez les termes suivants :

a-   limitation   des   droits.

....
....

b-   dérogation   des   droits.

....
....

C- non dérogation des droits

....
....

d- donnez trois raisons pour les quelles la loi limite certains droits de citoyens.

....
....

e- citez trois droits qui ne peuvent pas être dérogés.

....

....

5- donnez trois groupes de personnes ou de structures inclus dans la violation des droits de l'homme.

....

6- expliquez les termes suivants tels qu'utilisés dans la violation des droits de l'homme.

a- torture : ....

....

b- exécutions : ....

....

c- discrimination : ....

....

d- génocide : ....

....

e- intolérance religieuse : ....

....

7- citez trois instruments des droits de l'homme que vous connaissez. ....

....

DEUXIÈME LEÇON : LES DROITS DE LA FEMME.

A la fin de cette leçon, les élèves doivent être capable de :

- évaluer les fondations qui ont conduit dans la promulgation des droits de la femme.

- énumérer et expliquer les diverses décisions contenu dans la convention sur l'élimination de toute forme de discrimination contre la femme.

- répondre aux questions à la fin de la leçon.

PLAN :

-    le rationnel devant le droit de la femme
-    la convention sur l'élimination de toutes les formes de discriminations contre la femme(CEDAW)
         le rationnel derrière le droit de la femme.

Les femmes aussi bien que les enfants et les jeunes sont classés comme les groupes les plus vulnérable quand cela concerne la violation et la discrimination des droits de l'homme. Ces discriminations sont faites possible parce que la plus part des communautés sont patriarcales. Ceci est. Ils ont été fondés par les hommes et par conséquent les hommes ont mis sur pied les règles et les lois qui contrairement affectent les femmes. En plus de cela, la majorité des fondateurs de religions dans les quelles les normes qui régularisent les relations humaines remontent leurs origines étaient masculin, raison pour la quelle dans la plus part des religions triballes Et même les religions qui devenues ségrégation et une discrimination globale contre les femmes sont encore trouvées sur leurs croyances et doctrines. Les femmes soufrent de nombreuses formes et pour plusieurs raisons.

La plus part des femmes ne participent pas dans les décisions prises mécaniquement dans la plus part des communautés même dans les problèmes qui les concernent directement. Ceci parce que dans la plus part des sociétés, la direction est une garderie exclusive de l'homme. Non seulement à la communauté est le niveau, dans la prise des décisions à la maison est l'articulation difficile du problème de l'homme et de la femme. Même dans les situations tels que l'enfantement qui concernent les épouses directement et dont la senté est en jeux, la vision sur le nombre d'enfants à naitre dans une famille est une decision très difficille à prendre et seuls les hommes peuvent assumés le prix à payer à ceci. Hors de la direction, les femmes soufrent quant il s'agit de l'emploi et de l'énumération. Certains employeurs interrogent toujours sur les capacités, la connaissance, et les talents de la femme et préféreraient avec un homme moins qualifié qu'avec une femme talentueuse ou une femme bien formée. Ces stéréotypes ne sont pas seulement au niveau de l'emploi mais cela vient aussi de la rémunération. Les femmes ne sont pas payées au même titre que leurs collègues hommes pour la même qualité de services rendus. Un autre domaine où les femmes rencontrent les discriminations basées basé sur leur sexe est au niveau de la propriété des biens. Dans certains groupes ethniques comme l'EWONDO au Cameroun, les femmes n'ont pas le droit d'être propriétaire de terrain. Une telle tradition ou croyance affecte grandement les femmes qui dépendent exclusivement sur le terrain pour cultiver. Dans les régions du Nord Cameroun, les femmes soufrent de la discrimination des hommes. Par conséquent les femmes sont forcées à louer le terrain des diverses règles traditionnels. Ce pendant, ces terrains sont plus souvent retirer quand les divers LAMIDAS anticipent la moisson des cultures plantées dans ces terrains.

Dans certaines communautés, les femmes subissent les pratiques culturelles dégradantes. Parmi ces pratiques, il y a la mutilation génitale féminine. C'est un processus rituel ou le clitoris (situé dans le vagin de la femme) est coupé utilisant les méthodes et les objets variés et rudes comme les couteaux. Cette pratique est toujours faites par les traditionalistes sans aucune formation médicale et dans la plus part des cas sous des conditions non hygiéniques. La mutilation génitale féminine ou l'incision féminine est une pratique qui est totalement difficile dans certains pays sub sahariens. Cette pratique est exercé à la fois pour des raisons religieuses que culturelles.

Dans certaines communautés cette pratique est faite tout en respectant certaines divinités. Dans d'autres groupes comme les Bayanguis dans la région du sud ouest Cameroun, la mutilation génitale féminin est enlever dans le but de réduire le plaisir sexuel et d'arrêter la prostitution. Cette maladie a de nombreuses effets de maladies sur certaines filles et femmes saignant à mort pendant que d'autres finissent par devenir stériles. De même que la mutilation génitale il y a le repassage des seins. Une activité ou les poitrines de la jeune fille est forcée en garde avec l'utilisation des pilons ou d'autres objets tels que les pierres chaudes.

En plus de telles coutumes et croyances traditionnelles les femmes souffrent aussi de violation quand il s'git du choix du conjoint. Dans certaines communautés, le mariage forcé est une règle et non une exception, les femmes sont données en mariage aussitôt qu'elles naissent.

Aussi, pendant les guerres, les femmes sont plus le but des groupes d'armes donné qui ne peuvent pas se protéger. Dans plusieurs conflits d'armes, les femmes sont prises en hottage pour les raisons politiques et certaines sont recrutées contre leur volonté de servir comme femmes et cuisinières des groupes rebelles. C'est une pratique commune de nos jours que les femmes sont victimes du viol tel que le viol est constamment utilisé comme une arme de guerre pour affaiblir et intimider le camp adverse. Malheureusement les femmes ne sont pas appelées à participer aux débats concernant la paix d'après guerre. Les femmes qui sont les plus affectées pendant les guerres sont exclues des la négociation et le processus de reconstruction d'après guerre. Ceci les affecte parce que certains de leurs besoins d'après guerre ne sont pas suffisamment résolue car ce sont les hommes qui les représentent pendant de tel débats et ces hommes n'étant pas des femmes ne peuvent pas savoir exactement ce qu'elle ont dans la tête.

Ces pratiques discriminatoires furent de temps en temps remises en question par les femmes et même par certaines personnes. C'était sur ces basse que la communauté internationale pris les mesures de redresser la condition féminine dans les monde masculin. Parmi ces mesures ils y avait la conventions de l'élimination de toutes formes de discrimination contre la femme(CEDCF).

Cette convention en force en 1981 interdisant toute forme de discrimination contre la femme en d'autres mots, elle interdit toutes distinction ,exclusion ou restriction faite sur les bases de sexes qui rejette le plaisir égale des femmes avec les hommes de' leurs droits de l'homme et la liberté fondamentale dans le domaine politique, économique, culturel et civile ou autres domaines.

Certaines des caractéristiques de ces conventions sont :

Parmi d'autres signature de cette convention sont interpeler à assurer par tous les moyens appropriés et sans délais qu'aucune philosophie d'élimination et de discrimination faite contre les femmes ne doivent être abolie.

Elles demandent aux états de prendre les mesures approprier pour modifier les modèles socioculturel dans la conduites des hommes et des femmes avec pour vision d'éliminer les préjudices et pratiques culturel qui sont basées sur l'infériorité des sexes.

Elle demande aux états de s'assurer que l'éducation familiale incluse la bonne compréhension de la maternité comme une responsabilité sociale et commune des femmes dans l'éducation et le développement de leurs enfants aussi la convention invite les états à prendre les mesures spéciales pour enlever les difficultés et les inégalités auxquelles les femmes rurales font face.

Elle permet aussi l'action affirmative en faveur des femmes pour assurer leur égalité avec les hommes. Pour atteindre ces objectifs la convention demande aux états de décréter les lois pour brider la discrimination dans l'exercice et l'utilisation des droits de l'homme.

Question.

1- Quel est le groupe de gens le plus vulnérables dans notre société s'agissant des violation et des discriminations des droits de l'homme ?

....

....

2- Citer trois endroits dans votre société où les droits de la femme sont bafoués ?

....

....

3- Expliquer les termes suivants.

a) Mutilation génitales féminines :

....

....

b) Repassage des seins :

....

....

4-   Dans quelle régions du Cameroun se fait cette pratique prédominantes   ci-dessus   ?

....

....

5-   Cite une autre pratique faite sur la femme dans ton village.

....

....

Leçon trois

Plan et objectif de la leçon :

L'objectif de cette leçon est de permettre aux élèves de comprendre le concept de droits de l'enfant.

Apres avoir étudié le document les élève seront capable de :

-      Tracer l'origine du contexte conduisant à la formation et convention des droits de l'enfant(CDE)
-      Identifier les différents articles de la CDE

Plan du cours

Premier session : le rationnel derrière le droit de l'enfant.

- le travail de l'enfant, la prostitution de l'enfant.
- Les enfants soldats et les enfants de la rue

Deuxième session : la convention des droits de l'enfant

- Histoire du droit de l'enfant
- Adoption de la CDE

Le rationnel derrière les droits des enfants.

Selon la convention des nations sur le droit de la femme (CNDUF) un enfant est une personne qui est en dessous de l'âge de 18ans0 dans certains pays, les lois nationales fixaient un âge précoce de la maturité. Certains intellectuels ont demandé si les droits de l'enfant constituent un problème majeur qui doit soulever beaucoup de débats et d'attention à la fois au niveau national qu'international. Mais les développement récents à travers le monde spécialement dans les zones de conflits sont venues justifié la nécessité de protéger les enfants sur le mécanisme des droits de l'homme. En plus, les enfants ont besoin de la protection pour de raison diverses. Leurs jeunes âgés les rendent vulnérables aux yeux du monde caractérise par la violence. Nous vivons dans le monde ou les gens cruels n ont aucun regard pour les enfants mais sont constamment à la poursuite ou à la chasse de ce qu' ils veulent irrespectivement des moyens ou méthodes. Encore les enfants sont petits en poids et cela les maintient dans une position inferieure et vulnérable par rapport aux autres groupes d'âge. Ils doivent être prudent ou garde des dangers et protèges des travaux venant de leurs avocats ou des autres.

En plus, les enfants ont besoin d un environnement bien calme et paisible, environnement a travers lequel ils peuvent se développer et être leur tout. Sans cette sécurité, la croissance de l enfant tant physique, mentale qu' académique sera compromise.

En plus de cela les enfants constituent une partie de la

redirection de demain. S'ils ne jouissent pas de certains droit aujourd'hui il est probable que quand ils grandiront et se trouve dans une position de dirigeant, ils abuseront certes des droits des autres. Mais si nous les traitons avec amour et honnêteté nous les léguerons une culture de paix et en ceci commencera un cycle de paix.

Aussi les enfants sont vulnérables dans plusieurs domaines. La mortalité infantile est en hausse spécialement parmi les enfants de moins de cinq ans. Certains enfants n'ont pas droit à l'éducation qui est une base fondamentale des droits de l'enfant. En outre de millions d'enfants à travers le monde sont mal nourris et meurent de faim pendant que d'autre n'ont pas accès à l'eau potable et à l'aménagement sanitaire. En plus les enfants sont engagés dans différentes formes de travaux, ce qui est dommage et pour le développement physique, mental ; et spirituel. Environ 250 millions d'enfants entre 5 et 14 ans dans les pays en voie de développement sont dans cette situation. Certains enfants ne sont contrôlés par leurs parents et se prennent eux-mêmes en charge

L'autre domaine dans lequel les enfants rencontrent les problèmes qui font appels à la protection est le domaine de guerre. Les enfants ne sont pas seulement victimes de guerres mais sont aussi des soldats. Les enfants des pays comme l'Angola, l'Algérie, le Burundi, le Congo Brazzaville, le Liberia et le Mozambique ont été forcés à prendre les armes pour les groupes armés certains ont pris les armes très tôt à l'âge de sept ans.

Aussi les enfants soufrent de l'exploitation sexuelle de plusieurs formes. Dans certains endroits, les enfants sont recrutés et forcé à faire la prostitution infantile. Certains sont vendus, trafiqués, et exploités. Les filles soufrent du harcèlement sexuel venant de leurs camarades avocats qui sont les garçons. D'autres soufrent de la violence et du harcèlement de leurs enseignants et autres membre ainé de la société. Certains sont forcés à avoir les relations avec les vieux qui peuvent être leurs grands parents ou parents. Les filles sont forcements envoyés en mariage et dans certaines communautés ils sont rejetés quand il s'agit de l'éducation. Plus loin dans les zones de conflits, les dirigeants rebelles et les soldats utilisent le viol comme une arme de gère ou les jeunes filles sont violées et par fois en public dans le but d'intimider et d'affaiblir les camps adverses. Ces atrocités diverses faites contre les enfants ont été raison pour la préoccupation et plusieurs mesures ont été prises pour redresser la condition de l'enfant dans le monde.

Historique du droit de l'enfant.

La recherche pour la protection de l'enfant date depuis 1924 sous la ligue des nations c'était les droits de l'enfant qui étaient garantis à un espace limité sous les conventions de Genève. Elle fut plus loin renforcé en novembre 1959 quand la déclaration des droits de l'enfant furent adoptés par l'assemblé générale. Cette déclaration fut reconnue dans le système internationale sur les droits civiques et politiques spécialement dans les articles 23 et 24 . elle fut aussi reconnu dans le traité internationale sur les droits économiques précisément dans l'article 10 et dans les statu et dans des organisations internationale concernées avec le bien être des enfants. L'instrument le plus marquant et le légale qui garantissait le droit de l'enfant a été la convention des droits.

La convention sur les nations unis sur les droits de l'enfant.

Cette convention a été adopté sur le 20 novembre 1989 et entrée en force en 1990. Elle dispose d'un grand nombre de droit de l'enfant civil, culturel. C'est la plus complète déclaration sur le droit de l'homme jamais atteint. La convention a mis sur pied certains principes de base qui doivent régler les actions des adultes vis à vis des enfants. Ces principes sont :

- non discrimination : article 2 de la convention. Ce principe clé stipule qu'il ne devrait y avoir aucune discrimination basé sur la race, de genre, la couleur, la religion, et l'ethnicité.

- Le meilleur intérêt de l'enfant enchâssé dans l'article 2 cette clé évoque la nécessité d'agir dans le meilleur intérêt de l'enfant ce qui voudrait dire que les adultes doivent faire les choses qui sont meilleur pour les enfants et non pour eux même. En d'autres mots le bien être compromise par les besoins et le plaisir des parents ou des enfants.

- La participation : celle si se trouve dans l'article 12 de la convention. Elle stipule que les Etats doivent voir en cela qu'il y a des systèmes suffisants pour les enfants à formé leurs propre opinion et que ces idées doivent être respectés basés sur leurs niveau de maturité. les Etats ont le droit de mettre également en place les systèmes administratifs et judiciaires dans les quels les problèmes relatifs aux droit de l'enfant peuvent être entendu soit dans un troisième groupe ou un organe approprié qui vont garantir et soutenir la règle de loi.

Cette convention met et plus loin définit certains des droits de l'enfant tel que le droit à la vie, le droit d'être avec une famille le droit à la santé, le droit d'être nourrit et protégé et le droit au développement personnel.les caractéristiques principales de cette convention sont :

-	chaque enfant a le droit à la vie et chaque Etats doit s'assurer au maximum pour la survie et le développement de l'enfant.

-	Chaque enfant a le droit de porté un nom et une nationalité à la naissance.

-	Chaque Etats devrons s'assurer que chaque enfant jouit pleinement de ses droits et sans discrimination de tout genre.

-	Les enfants ne doivent pas être séparés de leurs parents sauf par les autorités compétentes dans le but de leur bien être.

-	Les parents ont une responsabilité primaire dans l'éducation de leur progéniture mais les Etats devront fournir une assistance appropriée et développer des institutions sur la protection de la femme.

-	Les Etats devront protégés les enfants de tout danger mentale et sans négliger les abus et exploitations sexuels

-	Les Etats devront fournir aux enfants orphelins une protection alternative convenant.

-	Les enfants handicapés auront le droit au traitement, à l'éducation et à la protection spéciaux.

- Les Etats protégeront les enfants contre l'utilisation illégale des remèdes et tout autre engagement dans la production ou le trafic des médicaments.
- Les Etats devront protégés les enfants contre l'exploitation économique et tout autre forme de travail qui doit interférer avec leurs éducations et leurs bien être
- Tous les efforts devront être faits pour abolir l'enlèvement et le trafique des enfants.
- La punition capitale ou l'emprisonnement de la vie ne seront pas appliqués

LEÇON 4 : LES DROITS DE L'HOMME AU CAMEROUN.

L'objectif de cette leçon est de permettre à l'étudiant d'avoir une idée sur l'adhérence du Cameroun au concept des droits de l'homme depuis l'indépendance. A la fin de cette leçon, l'etudiant sera capable de :

-    identifier les différentes étapes prise par le gouvernement du Cameroun pour améliorer le concept des droits de l'homme.

-    Distinguer la participation de la nation aux traités et conventions régionaux et internationaux qui encouragent les droits de l'homme.

-    Distingué la participation de la nation aux traités et conventions régionaux et internationaux qui encouragent les droits de l'homme.

-    Reconnaitre les instruments nationaux tels que les constitutions qui promeuvent les droits de l'homme.

-    Comprendre l'origine, les fonctions, les défis et les faiblisses de la commission nationale des droits de l'homme au Cameroun.

-    Faire une critique générale sur la théorie des structures des droits de l'homme au Cameroun.

Plan :

Section1 : l'adhérence au Cameroun aux principes des droits de l'homme.

-    les différentes constitutions.

-    Les traités régionaux et internationaux.

Section2.

- l'origine de la commission nationale des droits de l'homme en Afrique.
- Le cadre juridique établissant la commission au Cameroun
- Les fonctions et les responsabilités de la commission.
- Les problèmes rencontrés et les défis.
- Le chemin à suivre
- section1 : l'adhésion du Cameroun aux droits de l'homme.
- Le Cameroun comme plusieurs pays Africains qui ont obtenu leurs indépendances sous la structure administrative des nations unies a adhéré naturellement à la promotion des droits de l'homme. Ceci parce que beaucoup de nations qui ont acquis leurs indépendance surtout sur le contexte de la guerre froide ne voulaient pas seulement la reconnaissance internationale mais aussi la reconnaissance internationale. Par conséquent, beaucoup de ces nations en rejoignant les NU, s'engagèrent pour la déclaration universelle des droits de l'homme des NU signée le 10 décembre 1948. l'adhésion du Cameroun à la notion de droit de l'homme est devenue manifesté du début comme sa dédicace et son engagement à promouvoir les droits de l'homme était chassé dans sa constitution. La constitution du 4 mars 1960(pour le Cameroun francophone), la constitution du 1er octobre 1961(qui a résulté de la décision prise par l'ex) l'ancien Cameroun sud britannique de rejoindre le Cameroun francophone), la constitution du 02 juin 1972 et celle de 1996 ont toutes démontrés l'engagement du Cameroun à promouvoir les

droits de l'homme comme représentés dans son préambule interdit toute forme de discrimination basé sur la race, la langue, la croyance, le genre ou la croyance. Aussi, les différentes constitutions garantissent et protègent les droits aussi bien individuels que collectifs dans les domaines civiques, politiques et sociaux-économique.

La constitution promet les droits civils et politiques tels la liberté de mouvement et droit de s'installer dans n'importe quelle partie du pays. Liberté de torture comme vue dans l'amendement de l'article 132 du code pénal par la loi de janvier 1997 qui supprime la torture, la liberté de pensée, de conscience et de religion aussi bien que la liberté de formé les parties politiques comme vue dans la loi n 90-53 du 19 décembre 1990 sur la liberté d'association et la liberté d'expression comme vue dans la loi n 90-52 du 19 decembre1990se rapportant à la liberté de communication en masse qui soulève le contrôle sur les publications oui plus est, le Cameroun a aussi notifier les conventions significatives internationales qui soutiennent et améliorent les droits de l'homme. Certaines de ces conventions comprennent la déclaration universelle des droits de l'homme.

Certaines de ces conventions comprennent la déclaration universelle des droits de l'homme, la charte Africaine sur les droits de l'homme et les droits des peuples, la convention internationale sur les droits civils et politiques, la convention internationale sur les droits économique sociaux et culturelles, la convention de l'élimination de toutes formes de discrimination contre la femme, la convention sur les droits de l'enfant , la convention sur la torture et d'autres traitements civiles et punitions humiliantes, la charte Africaine sur le droit de l'enfant et les conventions sur le statut des refugiés.

Ce pendant, malgré l'existence de ses structures pour améliorer et promouvoir les droits de l'homme au Cameroun, il y a une fissure entre le nombre d'instruments des droits de l'homme qui existent au Cameroun et la réalité du respect des droits de l'homme aussi bien individuels que collectifs. Plusieurs corps ont dénoncés la situation des droits de l'homme au Cameroun. Les abus des droits de l'homme tels que les arrestations arbitraire et torture sont fréquents avec les Etas en particulier la police et la gendarmerie.

Certaines sont même arrivées à appeler cela jeu de cache-cache mis en place pour baiser les donneurs occidentaux.

Les droits de l'homme au Cameroun a besoin d'être améliorer. Le gouvernement devrait faire tout son possible pour renforcer son engagement pour les traités internationaux en mettant en place plus de mécanismes efficaces pour voir s'il y a match entre les nombreux documents officiel sur les droits de l'homme et la réalité sur le comportement des droits de l'homme cela demande beaucoup de courage et la volonté politique. Aussi, les agents devraient suivre les formations intenses sur les droits de l'homme et des mesures sévères devraient être pris contre de tels agissements chaque fois qu'il y a abus des droits de l'homme. Aussi les droits de l'homme devraient être courants dans les structures du gouvernement et l'enseignement des droits humains à partir du secondaire devrait être une priorité pour le gouvernement. Ceci va promouvoir la culture du droit de l'homme dans toutes les sphères de l'existence publique et ainsi fuir la violation et l'abus des droits.

Section2 : la commission internationale des droits de l'homme : origine et fonctions.

Dans la plus part des pays Africains, la création de la commission des droits de l'homme a résulté des principes de Paris qui était un atelier internationale sur les institutions nationales pour la promotion des droits de l'homme. Cet atelier se tenait s'est tenu en octobre 1991 a fait les recommandations sur le rôle, la composition, les statuts et fonctions des documents officiers sur les droits humain ce pendant, la création de certaine commission nationales sur les droits de l'homme résultaient des pressions interne faite par les citoyens à leurs dirigeants pour démocratiser.

La commission nationale des droits de l'homme est l'une des structures les plus importantes existant au Cameroun qui représente les droits de l'homme dans le pays. Ce corps a été fondé par la loi N90-1459 du 08 novembre 1990 pour développer les droits de l'homme et liberté. Mais ce n'était qu'en 1992 que la commission était crée par le décret présidentiel. A partir de 2009, elle a les branches dans cinq régions du Cameroun à savoir : le Nord ouest le Sud ouest le Littoral l'Adamaoua et la région du Nord.

Les commissions nationale des droits de l'homme sont les corps crées à l'intérieure des pays pour le contrôle des situations des droits de l'homme promouvoir la conscience et le respect des droits de l'homme et défendre les droits individuels et collectifs contre les violations et les abus. Elle conseille aussi le gouvernement sur les problèmes des droits de l'homme et agit comme intermédiaire entre les organisations nationale et internationale qui promeuvent les droits de l'homme. Elles rendent visite aux prisonniers dans les postes de police et les briardes de gendarmerie. Elles organisent les séminaires, les conférences pour les agents de l'Etat et pour la population générale à crée la conscience et de vulgariser les droits de l'homme. Elle distribue aussi les prospectus de la déclaration universelle des droits de l'homme de 1948 à travers le territoire nationale et au différents groupes particulièrement à ceux les plus vulnérables. A partir de 1997, la commission nationale des droits de l'homme au Cameroun a distribuer 76milles copies.

Amélioration sur la situation du droit de l'homme au Cameroun :

La commission nationale des droits de l'homme au Cameroun comme dans plusieurs pays Africain est parsemé de plusieurs défaillances. Premièrement ce corps n'est pas un corps indépendant. Il a été crée par un décret présidentiel et est responsable du président seule. Il a le pouvoir de nommer et de dissoudre le membre de la commission à volonté. Cela rend le membre de la commission sans force devant l'exécutif dont la faiblisse et la défaillance ne peuvent être vérifiée par le membre de la commission. Aussi, cette commission ne reçoit pas une assistance requise des agents de l'état. Encore, le membre de la commission n'a pas le plain pouvoir pour investiguer sur les abus de droits de l'homme commis par les membres influant de l'exécutif la raison pour la quelle le docteur Salomon Forgwe et le docteur Divine banda ont tous commentés que le membre de la commission des droits de l'homme au Cameroun a un statut d'observateur les fonctions de la commission sont aussi affaiblit par les finances insuffisante. La somme de 357 766 944 FCFA reçut par la commission entre 1991 et 1997 était insuffisante pour remplir toute ces fonctions.

Comme le résultat de ces défis, la situation des droits de l'homme du Cameroun est constamment sous attaque. Le 29 févier 1999, le dépouillement de l'état des nations unis a publié un document de 25 pages intitulé « le rapport du pays sur les pratiques des droits de l'homme en 1999 » ce qui stipula que la situation des droits de l'homme au Cameroun était faible et pauvre pour que le gouvernement soit face à ses différents défis et discrédit les attaques , il a constamment reçut de la communauté internationale et des corps locaux il a enchéri sur sa situation des droits de l'homme des mesures et des programmes ambitieux le gouvernement doit rendre capable la commission avec un statu autonome. Son indépendance garantira son autorité à exécuté ces fonctions l'autonomie financière donnera aussi la liberté à ce corps d'exercer librement ses fonctions. Aussi le gouvernement doit astreint les institutions de l'Etat à assister et à coopérer avec ce corps dans l'exécution de ses fonctions. Il doit être octroyé d'un plein pouvoir d'investigation ceci contribue pour protéger ceux qui voudrons attester que les violations sur les droits de l'homme doivent être protégé.

Leçon une : compréhension du genre et le féminisme.

Plan et objectif

L'objectif de cette leçon est de permettre aux élèves de mieux comprendre les traces, les raison de l'émergence des mouvements des femmes.

A la fin de ce cours ils seront en même de

- Définir le genre et les concepts liés à ceux-ci

Etablir la différence entre sexe et genre

Identifier les divers types de féminisme

Tracer e l'origine et l'évolution des mouvements de femmes.

Plan de la leçon ;

Session un ; question de genre

- ➢ Comprendre le genre

- ➢ Concepts liées aux genres et au sexe

- ➢ Discrimination de genre

- ➢ Le féminisme

Session deux ; l'origine et l'évolution des mouvements de femmes.

- ➢ Le rôle de la femme africaine

- ➢ La période précoloniale

> ➤ Les femmes en la période coloniale

Première partie: les questions de genre

La notion de relation entre les sexes est importante non seulement pour les décideurs politiques ou à des fins de développement, mais aussi pour tous ceux qui ont des participations dans une communauté donnée, y compris les artisans de paix, les politiciens, hommes d'affaires, personnalités religieuses, traditionnelles, et d'autres acteurs de la société civile. Cette section examine les questions de genre, domaines où les femmes ont souffert et sont victimes de discrimination dans le monde entier, les rôles de genre, l'origine du mouvement des femmes, approche genre, genre et développement, et les femmes dans le leadership. Commencer par une définition de certains concepts estnécessaire.

Qu'est-ce que sexe?

La notion et la définition du genre est complexe du point de vue mondial, car la notion de genre est encore nouveau pour certaines langues et certains de ces langues n'ont pas de traduction littéraire du mot genre. Toutefois, le mot genre "désigne les croyances culturelles et sociétales et les attentes qui sont liées aux hommes et aux femmes. Autrement dit, les fonctions diverses et changeantes que la famille, la communauté ou la société attend des sexes différents - garçon, les filles, les femmes et les hommes pour montrer à la fois dans leurs activités publiques et privées. À la naissance, un bébé est soit garçon ou fille. A ce niveau, il n'y a pas de fonctions biologiques précisant responsabilités sociales, les attentes et les différences en dehors de ceux liés à la procréation.

Le genre est donc une suite d'idées mis en place sur la façon dont les individus ont de s'habiller, de réagir, de penser ou se comporter si elles sont soit mâles ou femelles. La façon dont la société voit le sexe est très important et a un effet fondamental dans la société, car dans la plupart des communautés ou sociétés, plus de droits et privilèges sont donnés à un seul sexe, le plus souvent le mâle par rapport à la femelle. En d'autres termes, le genre définit les opportunités et les hommes les femmes peuvent recevoir et l'accès aux droits qu'ils ont sur les ressources de la société.

Dans certaines communautés, il a été fermement démontré qu'il y avait deux sphères de la vie. C'est sphères masculine et féminine. Cette notion a été renforcée par des agents de socialisation comme les écoles, les églises et les médias. Ces organismes défendent fermement la notion que les garçons sont physiquement, moralement et intellectuellement plus forts que les filles. Dans certaines communautés, c'est pourquoi les hommes ont été et sont appréciés pour leur résistance, les forts, et guerrière et dans une mesure stricte. En outre, l'art d'être discret soumis et ont été considérés comme des qualités féminines ou de fonctionnalités

Des Professions comme les avocats, médecins, enseignants, banquiers, ingénieurs, pilotes et les législateurs ont été l'apanage du mâle. Les filles d'autre part ont été essentiellement perçu comme mères femmes au foyer et des cuisiniers. Ce sont tous des rôles défini par une société donnée. Ces rôles les empêchent de poursuivre la carrière des femmes qu'elles désiraient. Les rôles de genre, sont également renforcés par le statut social et la race.

Ce sont les femmes de rang social bas sont confrontées à des discriminations plus que les femmes d'un rang social élevé. De même les femmes d'une certaine race particulière gagneraient plus de respect que les femmes d'une autre race. Par exemple, durant la période de la colonisation européenne de l'Afrique, des femmes européennes en Afrique ont eu plus de reconnaissance et de respect en Afrique que les femmes africaines ces deux discriminations dont sont victimes de plusieurs façons. Toutefois, ces rôles ont été et sont modifiables.

Les rôles du genre n'est pas établi en fonction des sociétés. Avant d'examiner les rôles du genre et les zones où il crée la discrimination il est important d'étudier certains mots clés liés au genre et la différence entre genre et sexe

Termes et définitions clés associés à des genres

Il y a des concepts clés qui font partie de la langue de l'étude du genre. Une bonne compréhension de ces questions clés permettant d'analyser et d'interpréter les questions et les problèmes liés au genre. Certains de ces termes et concepts clés sont décrits ci-dessous

Genre discrimination selon le sexe du Kit de ressources pour les opérations de maintien de la paix, la discrimination entre les sexes "... toute distinction, exclusion ou restriction fondée sur le sexe qui a pour effet ou pour but de compromettre ou de détruire la reconnaissance, la jouissance ou l'exercice par les femmes , indépendamment de leur situation matérielle, sur la base de l'égalité des hommes et des femmes, de la liberté de l'homme et des libertés fondamentales dans la politique civile, économique, culturel ou dans tout autre domaine ".

L'égalité des sexes Il est la même valeur que les communautés et la société donnent aux similitudes et les différences des deux hommes et femmes car ils ont des similitudes en tant qu'êtres humains. Ils ont aussi des différences biologiques qui déterminent le rôle qu'ils jouent dans la société. Cela signifie également que les femmes, les hommes, garçons et les filles ont les mêmes droits, responsabilités et possibilités. Le fait qu'ils aient des conditions égales pour réaliser leurs rêves de donné, contribuer au développement de leurs communautés et aussi bénéficier des ressources politiques, économiques et socioculturelles qui se trouvent au sein des communautés dans lesquelles ils s'y trouvent.

Équité entre les sexes, il consiste à être équitable pour les deux sexes, qui est mâle et femelle l'équité entre les sexes sont des mesures mises en place pour compenser le passé les conditions sociales défavorables qui avaient entravé le développement des hommes et des femmes sur un pied d'égalité de base.

L'habilitation des femmes, il est tout au sujet des femmes prenant le contrôle de leur destin par l'acquisition de compétences, l'établissement des programmes, création d'une image de soi ou la confiance en soi et la recherche de solutions aux problèmes auxquels elles sont confrontées. Il s'agit d'un effort individuel, qui doit être fait par les hommes et les femmes de faire des choix ou de parler. Nonobstant, les gouvernements et les organisations de la société civile peuvent jouer un rôle essentiel pour aider les individus acquièrent les moyens.

Dépendance de genre Il s'agit d'une tentative et le processus d'intégrer les questions de genre dans les institutions existantes socio-économiques et politiques avec l'objectif d'éradiquer la marginalisation et la discrimination. C'est pour rendre la tâche d'éliminer les stéréotypes et la discrimination dela responsabilité collective à toute personne dans la société. L'intégration du genre porte principalement sur les besoins des hommes et des femmes à participer à la de prise de décision.

L'analyse de genre Il s'agit de regarder les différents rôles et fonctions que chaque groupe se produit dans une communauté particulière. Il divise la société, en hommes, femmes, garçons et filles, se décompose en activités de ces différents groupes et tente de situer les relations sociales entre les activités et les groupes. Avec ces derniers, des informations sur ce rôle spécifique joué par le groupe se déduit aisément à influencer sur ces activités ou prend des décisions, ce sont les privilèges de chaque groupe en ce qui concerne les différentes ressources

Il vise également à identifier, les différents rôles joués par les hommes et les femmes dans la société de manière à élaborer des politiques et des programmes qui répondent à ces critères. Plus encore, l'analyse entre les sexes contribue à la mise en service celles qui sont des expériences spécifiques et différente, de compétences et de talents que possède à la fois les hommes et les femmes.

Violence contre les femmes Il est parfois appelé la violence sexiste. Elle se réfère à toute action ou de menaces de toute action qui pourrait par la suite causer tout dommage physique, sexuelle ou psychologique ou de tourments sur les femmes tant dans les secteurs public que privé. De tels actes peuvent se produire dans trois domaines principaux qui sont;

La violence familiale contre les femmes peut se produire dans la famille sous la forme de coups, le viol conjugal, les mutilations génitales féminines, les pratiques traditionnelles ou religieuses préjudiciables à la femme; mariages vigueur, l'abus sexuel des enfants de sexe féminin dans la maison et de la division d'un travail qui peut surcharger la femelle et toute autre forme d'exploitation.

La violence communautaire contre la femme peut également se propager au niveau de la communauté. Les actes de violence promue à ce niveau comprennent le viol, la traite des femmes et le harcèlement sexuel en particulier au lieu de travail, la prostitution forcée et la ségrégation dans les établissements d'enseignement.

Au niveau de l'Etat, Certains états contiennent des douanes et droits consacrés dans la Constitution qui établissent une discrimination contre la femme. Celles-ci pourraient être au niveau du mariage et d'autres institutions.

Comprendre la notion de sexe dans les questions de genre

Sexe dans ce cas est la différence biologique, physique et universelle unies reconnues et accepté qui existent entre garçons et filles ou entre les femmes et les hommes. Ces différences sont déterminées à partir de la naissance. Les femmes et les hommes partagent certaines caractéristiques uniques qui viennent en fonction de leur sexe. Certaines de ces caractéristiques comprennent une plus grande masse du corps, une meilleure forme physique et un changement de la voix à la puberté pour les hommes. Contrairement au sexe, les rôles sexuels associés à des hommes et des femmes sont fixés. Un exemple d'un rôle sexuel qui est immuable est l'accouchement et l'allaitement des enfants. Les principales différences entre les sexes et le sexe se trouvent dans le fait que tandis que le genre est socialement et culturellement déterminée (Il est également spécifique à des cultures différentes et peuvent changer au fil du temps en raison du niveau de sensibilisation ou de connaissance ou de l'habilitation) du sexe sur un autre plan est biologiquement déterminée. Il est établi par la procréation et à la différence des sexes, il n'est pas spécifique, mais culturellement universelle. Le sexe est aussi immuable.

La disparité déterminée par la culture et la société entre les sexes différents a toujours été la base de la discrimination entre les sexes. Nous allons voir les différents domaines de discrimination dans certaines parties du monde.

La discrimination sexuelle

Ce sont des distinctions, exclusions et restrictions fondée sur son sexe visant à empêcher l'individu d'exercer ses droits ou de liberté ou visant à empêcher l'individu d'avoir accès aux différentes ressources mises à disposition par sa société. Les femmes étaient et sont encore vulnérables à des pratiques discriminatoires envers elles en raison des diverses convictions culturelles, des rôles sociaux et les attentes associées aux femmes et qui ont été transportés dans le temps d'une génération à l'autre grâce à l'éducation (formelle et informelle) et «par la religion (à la fois autochtones et exotiques). Bien que les États-Unis s'est fait le champion de l'émancipation des femmes en raison de sa profession idéaux démocratiques, les femmes aux États-Unis ont subi plusieurs formes de discrimination dont certains se sont éloignés au fil du temps. Parmi les domaines de la discrimination sur la base du genre aux États-Unis ont été;

Dans le domaine du mariage où les femmes étaient légalement mortes dans les yeux de la loi. Les questions concernant les femmes dans la mesure où le mariage a été concerné, n'ont pas été respectueuses de la loi. Les Époux avaient des pouvoirs juridiques sur leurs épouses dans la mesure où ils pourraient battre et emprisonner leurs épouses. la liberté de la femme de circulation n'a pas été déterminée par la loi mais par le mari. Les femmes étaient également privées de leurs droits politiques. Ils se sont vu refuser le droit de vote et le droit d'être élu. Cela a été en 1922 sous l'administration du président Woodrow Wilson que les femmes aux États-Unis d'Amérique ont obtenu le droit de vote. En outre, les femmes devaient payer des impôts même si elles n'ont pas de représentation dans la perception de ces taxes. Un autre domaine où «les femmes victimes de discrimination aux États-Unis est le domaine de l'emploi. La plupart des professions ont été fermés pour les femmes et dans les cas où les femmes étaient autorisées à travailler, ils étaient moins payés que les hommes pour les mêmes heures et les services rendus. Les femmes n'étaient pas autorisées à entrer dans des professions comme la médecine et le droit.

La discrimination a également été observée dans le domaine

de l'éducation. Les femmes n'avaient pas les moyens financiers d'entrer dans les collèges et les universités. Et même quand elles l'ont fait, elles n'étaient pas acceptées dans la plupart des collèges et des universités.

Dans le domaine de la religion, certaines confessions chrétiennes empêché les femmes de participer dans les affaires de l'Etat.

Les autres domaines où les femmes sont confrontées violation sur la base du sexe ont été dans le domaine des crimes sexuels. Les femmes ont été violées, victimes de la traite et d'abus. Certains ont été contraints de devenir des prostituées alors que d'autres ont été soumis à la pornographie. Ces pratiques discriminatoires ont volé aux femmes leur confiance en soi et respect de soi et les rendent totalement dépendantes aux hommes. Cependant, certaines femmes encore font face à ces pratiques dans de nombreux pays en développement en particulier dans les zones de conflit sujets comme dans l'Afrique subsaharienne où les conflits ont des effets spécifiques sur les femmes et les filles.

La discrimination sexuelle a entravée les progrès de la société américaine en général et les effets de ces pratiques ont amené la naissance de mouvements de femmes aux États-Unis au 19ème siècle qui a considérablement réduit certaines de ces pratiques. Les activités de ces mouvements ont eu un effet de débordement sur d'autres domaines à travers le monde.

Féminisme

Le féminisme est une théorie émergente qui cherche à établir l'égalité entre les hommes et les femmes dans les domaines

¬ politique, économique et socio culturelle. Aussi appelé le féminisme de base ou la théorie féministe, il vise à changer la structure du statu quo, et de pouvoir entre hommes et femmes dans la société en modifiant les lois existantes, les croyances, les paradigmes et les stéréotypes. Il examine les différents agents de socialisation, comme la famille, les écoles et les organisations religieuses et d'autres relations de pouvoir structurés comme les structures politiques, les professions existantes, de la culture et de loisirs. Les structures existantes définir: Qui fait quoi? Qui prend les décisions? Qui tire les bénéfices? Qui utilise les ressources comme la terre ou de crédit? Qui contrôle les ressources existantes? Ils déterminent également ce que nous sommes et ce que nous pouvons devenir.

Les féministes pensent donc que ces disparités ne sont pas seulement d'entraver l'exercice de ses droits, mais sont aussi des pierres d'achoppement pour la maximisation du potentiel de la femme. Ils croient qu'un changement du statu quo existant sera également apporter le développement. Toutefois, il existe de nombreux points de vue quand il s'agit de féminisme qui a soulevé des débats et les différences entre les féministes différents. Aujourd'hui, il est possible d'entendre les chercheurs parler du féminisme en raison des opinions différentes des féministes. Au premier rang des opinions divergentes des féministes sont;

Amazon féminisme Cette marque des féministes est d'avis qu'il n'ya pas de caractéristiques innées masculin ou féminin ou des intérêts. Elles sont dédiés à défendre les valeurs de la féminité en portant l'image de la femme dans le but de faire d'elle une héroïne féminine semblable au héros masculin de l'art et la littérature de la mythologie grecque.

Le féminisme culturel L'objectif principal de ce point de vue du féminisme est de défier et vaincre le sexisme en défendant et en célébrant les qualités spécifiques des femmes, leurs expériences et leurs façons de faire. Féministes culturelles croient qu'il existe des différences fondamentales entre les hommes et les femmes et les caractéristiques et les valeurs des femmes doit être célébrée. Il est possible d'entendre les féministes culturelles utiliser des expressions comme la mère de l'or, la femme est d'or ou femme que vous êtes spécial »

Féminisme Matériel: le féminisme Matériel est un mouvement de libération qui a commencé au 19ème siècle. Son but est de libérer les femmes du joug diverses et charges imposées sur elles par l'amélioration de leur bien-être matériel. Le féministes Matériel soutiennent que certaines rôles de femmes traditionnels comme le ménage, la cuisine, l'éducation des enfants et d'autres travaux domestiques ont agi comme des obstacles au développement politique et professionnelle de la plupart des femmes. Ils préconisent donc de ces rôles à emporter.

Les Modéré féminisme Ce groupe de féministes sont de la jeune génération. Ils remettent en question la validité du féminisme dans ce jour. Les Modérés féministes sont des femmes jeunes pour la plupart, qui n'ont pas subi l'expérience des diverses pratiques discriminatoires menées contre la femme agents de socialisation, comme la famille, les écoles et les organisations religieuses et d'autres relations de pouvoir structures comme les structures politiques, les professions existantes, de la culture et de loisirs. Structures existantes définir: Qui fait quoi? Qui prend les décisions? Qui tire les bénéfices? Qui utilise les ressources comme la terre ou de crédit? Qui contrôle les ressources existantes? Ils déterminent également ce que nous sommes et ce que nous pouvons devenir. Les féministes pensent donc que ces disparités ne sont pas seulement d'entraver l'exercice de ses droits, mais sont aussi des pierres d'achoppement pour la maximisation du potentiel de la femme. Ils croient qu'un changement du statu quo existant sera également apporter le développement. Toutefois, il existe de nombreux points de vue quand il s'agit de féminisme qui a soulevé des débats et les différences entre les féministes différents. Aujourd'hui, il est possible d'entendre les chercheurs parlent du féminisme en raison des opinions différentes des féministes. Au premier rang des opinions divergentes des féministes sont;

Les femmes féminisme de l'Eco Eco école de pensée féministes soutiennent que les valeurs patriarcales et les normes sont les obstacles au développement et la survie des femmes, des enfants et d'autres organismes vivants qui constituent les écosystèmes. Ils croient qu'il existe un lien étroit entre le traitement de l'environnement, les animaux et le traitement des femmes.

Section deux: Origine et évolution du Mouvement des femmes

 La lutte pour la cause de femme ou la lutte contre la discrimination entre les sexes est un combat universel qui a commencé dans différentes parties du monde sous plusieurs formes et de différentes manières. Cette bataille a été livrée au cours du temps et l'espace. Différentes méthodes et des médias ont été utilisés pour traiter la question. Certaines de ces méthodes ont été passives, d'autres actifs, d'autres tout pacifiques ont été violents. Quelques-uns des fruits de cette lutte ont été observés immédiatement tandis que d'autres étaient tout simplement des graines qui produisent après des décennies et des siècles. Bien que ce combat ait été défendu par la femme, certains hommes ont de plusieurs façons aidées les femmes à obtenir leur émancipation. Nous allons voir sur les divers efforts pour émanciper les femmes à travers différentes périodes historiques et dans les différentes parties du monde.

La lutte avant JC

La lutte contre la discrimination de la femme n'est pas seulement une création moderne, pour cette lutte a commencé dès l'époque avant Jésus-Christ. Le premier combat est datée en 411 avant JC quand Lysistrata une pièce a été exécutée dans la Grèce antique. Mécontent de l'abîme qui existe entre les deux sexes et la discrimination qui a entraîné celle-ci, sous la rubrique «la direction de Lysistrata, les femmes de l'Acropole et de ses villes voisines ont organisé une méthode non violente de manifester leurs griefs contre les stéréotypes, la discrimination et de l'assujettissement du sexe féminin par le masculin. La méthode utilisée par ce groupe de femmes a été une grève du sexe paisible où les femmes ont refusé de satisfaire les besoins sexuels de leurs maris, qui étaient des guerriers. Cette méthode pacifique de résolution des conflits a été une réussite: les guerriers incapables de contenir leurs désirs sexuels finalement cédé à faire la paix et des concessions.

La lutte après Jésus-Christ

Le premier effort a enregistré à l'émancipation des femmes après la mort du Christ a été dans le 5ème siècle, en Egypte quand Hypatie défia la notion que les femmes étaient moins intelligents · et inférieurs et elle est devenu l'un des plus grands savants dans les domaines des mathématiques, la géométrie, l'astronomie, et la philosophie. Ses écrits sont devenus une source de référence et beaucoup de gens venus de l'Europe, d'Asie et d'Afrique pour acquérir de ses connaissances. Menacé par sa célébrité, Cyrillus, un patriarche chrétien d'Alexandre (qui allait plus tard être fait docteur d'église et canonisé). Ceux-ci prétendaient que Hypatie a été source de référence pour la culture païenne et qu'elle n'a plus effectué ses responsabilités de femmes. Ce groupe fait de fanatiques chrétiens causa sa mort. Cela n'a pas toutefois arrêté leur combat

Combat pour l'émancipation

Au 15ème siècle, une autre action féminine a contesté certains des stéréotypes sur les femmes placées. Jeanne d'arc une paysanne française manifesté un courage hors du commun et de bravoure quand elle a envoyé les Anglais d'Orléans. Cet acte de bravoure a permis au roi d'être couronné. Toutefois, elle a été trahir par l'évêque de Beauvais qui l'a remis à la Colombie. Elle fut accusée de sorcellerie et de blasphème par l'Eglise et, plus tard brûlés. Même si elle a sacrifié sa vie pour le roi, ce dernier n'est jamais intervenu pour la sauver.

Toujours en Europe, Maria Lejars, se dévoua pour faire avancer la lutte des femmes. Au 16ème siècle elle a écrit « *l'égalité entre hommes et femmes* » dont elle connaissait leurs droits et aussi a préconisé et a appelé à l'égalité des sexes, à l'équilibre entre les sexes dans une société qui a été longtemps très patriarcale. Son travail a été suivi de près par celle de Mary Astell, *proposition à la femme pour l'avancement des grands et intérêts véritables*. Dans ce travail, elle a ardemment défendu les différents droits des femmes. La prochaine étape dans cette lutte a été faite en 1769 lorsque Josépha Amar a prononcé un discours sur l'éducation sexuel et morale des femmes. Par la suite, un livre a été publié sur la nécessité de l'éducation des femmes rurales. La lutte des femmes pour l'émancipation de 411 avant JC jusqu'à la fin du 18ème siècle a été caractérisée par des efforts individuels réalisés par les femmes de différentes façons et dans différentes parties du monde.

Cependant, après «la Révolution française de 1789, la lutte pour l'émancipation des femmes a été réalisée collectivement. Dans la même année, des milliers de femmes françaises à Paris dirigé par Olympe de Gouges ont pris d'assaut l'appel de Versailles pour la liberté, l'égalité et de fraternité. Comme concessions à leurs exigences, le roi et son entourage entier ont fait une marche vers Paris avec ces femmes colère. Cela a eu un impact énorme que la Déclaration des droits de la femme et de sa citoyenneté qui a été signé deux ans plus tard après cet événement. Il s'agissait d'une copie de la Déclaration des droits de l'homme et du citoyen qui a été signé deux ans plus tôt, c'est à dire, en 1789, après la Révolution française, mais qui n'a malheureusement pas pris en considération les droits des femmes. Les femmes qui forment environ 50 pour cent de la population n'avaient aucun droit politique. Lorsque les femmes assistaient à une victoire partielle, Olympe paya cette victoire au prix de son sang.

En Angleterre, cette lutte a été réalisée par Mary Wollstonecraft qui a écrit et publié la Défense des Droits des Femmes. Dans ce travail, elle a dénoncé l'absolutisme des rois qui est largement discriminatoire envers les femmes dans les domaines des droits de l'éducatif, politique, travail et morale. Encore une fois, la discrimination a été constatée en 1861, lorsque les étudiants dans une école de médecine à Londres, l'hôpital de Middlesex a effectué une protestation contre l'admission d'une femme, Elizabeth Garrett, dans cette institution. Dans leurs mots.

... Les enseignants seront sans doute mal à l'aise en présence des femmes et ne sera pas en mesure de se référer à certains faits nécessaires explicitement et clairement. La présence de jeunes femmes en tant qu'observateurs à une salle d'opération est une offense à notre instinct naturel, sentimental et est tenu de détruire les sentiments et les égards d'admiration que tout homme sain d'esprit éprouve à l'égard du sexe opposé. Ces sentiments sont signe de civilisation et de raffinement ".

Ces revendications ont été discréditées par Stuart Mill et de son épouse Harriet Taylor Mill, en 1869 quand ils ont publié *la sujétion de la femme* dans laquelle ils réclamaient le droit des femmes à voter et à éliminer la discrimination légale. Leur livre n'a pas seulement eu une forte influence en Grande-Bretagne, mais il a commencé un mouvement international qui a plaidé pour le droit de la femme de vote. Il a été publié en Australie, le Danemark, la France, l'Allemagne, la Suède et les États-Unis.

Elle a inspiré Lydia Becker à fonder la Société nationale pour le suffrage de la femme.

La lutte pour l'émancipation de femme y était aussi . En remettant en cause les mentalités et les stéréotypes anciens mis sur les femmes En 1903, Marie Curie mis en question la croyance que les femmes étaient moins intelligentes en remportant le prix Nobel de physique et bien que les scientifiques de l'Académie français ont refusé de l'admettre dix ans plus tôt sur la base qu'elle était une femme, elle remporta le prix Nobel de chimie dix ans plus tard, en 1911.

La lutte aux États-Unis d'Amérique

La lutte pour l'émancipation de la femme a été rendu publique aux États-Unis d'Amérique le 13 juillet 1848 par «les efforts collectifs de Candy Élizabeth Stanton et quatre autres femmes à une table à thé à New York. En ce mémorable jour, ces femmes ont discuté longuement et avec beaucoup de passion et d'amertume sur les souffrances infligées aux femmes par les normes, les coutumes, les traditions et les lois établies par une société qui est dominée par les hommes.

La réunion du groupe de thé a conduit à une convention peu de temps après. Il a eu lieu dans la Chapelle de Wesleyen le 19 et le 20 Juillet 1848. La convention a été présidée par Candy Staton Elizabeth et ses quatre compagnons. Les principales questions soulevées lors de la convention ont été les conditions sociales, civiles et religieuses dans lesquelles les femmes américaines se sont retrouvées. Après la guerre civile américaine de 1861 et 1865 Elizabeth Staton et Susan B. Anthony ont formé l'Association National du suffrage des femmes pour défendre leur droit de vote.

En 1922, l'impact de ce mouvement a gagné plusieurs motifs lorsque les femmes ont obtenu le droit de vote en vertu de la administration du président Wilson des États-Unis d'Amérique. Toutefois, dans les deux guerres (1919 à 1939) où «la Première Guerre mondiale s'est terminée et lorsque la Seconde Guerre mondiale a commencé les activités du mouvement des femmes ont été considérablement ralenti par la Grande Dépression.

Après la Seconde Guerre mondiale le président Kennedy a accepté de convoquer une conférence présidée par Eleanor Roosevelt afin de discuter du statut de la femme américaine dans le début des années 1960. La conférence un nouvel élan à la lutte pour l'émancipation des femmes. La publication du féminisme mystique par Betty Frieda dans le début des années 1960 a largement contribué à des théories féministes dans les années 1960 qui ont eu un impact considérable sur les débats politiques en Amérique.

En 1964, il y avait une autre percée majeure pour la cause de la femme. Les droits civils loi abolissant la discrimination en emploi a été adoptée. Ceux-ci vu l'émergence de plusieurs organisations féminines créées pour lutter pour les droits de la femme.

Origine de la célébration de la Journée de la femme

La création de la journée internationale de la femme en 1908 a marqué un tournant dans la lutte pour l'émancipation des femmes ainsi cette journée est célébrée chaque année dans les six continents du monde. Son 'historique remonte jusqu'au 8 Mars 1857 à New York lorsque des centaines de femmes dans une usine de textile ont organisé une manifestation à la fois contre les conditions dégradantes de travail et l'ensemble des bas salaires qui leur est donné par opposition à ce que les hommes reçoivent. Elles ont demandé l'augmentation de plans de rémunération et exigé pour le dimanche à faire un jour de congé. Elles ont demandé la réduction des heures de travail à 10 heures et pour des congés de maternité. En réponse à cela, le propriétaire de l'usine la mis en feu et ce jour 120 femmes ont perdu la vie.

L'année suivante, sous le thème du pain et Roses2, 15.000 travailleurs féminins à New York ont réclamé leur droit de vote et l'abolition du travail des enfants.

L'appel pour une journée qui sera célébrée comme la journée des femmes est venu au cours de la deuxième Conférence internationale des femmes socialistes qui a eu lieu en 1910 à Copenhague, au Danemark. Cet appel est venu de Clara Zetkin qui était une représentante de l'Allemagne à cette conférence et membre de la Ligue des femmes des syndicats. Elle a suggéré que cette journée serait une tribune pour défendre les droits politiques, civils et économiques des femmes dans toutes les régions du monde

Par conséquent, la première Journée internationale de la femme a été célébrée l'année suivante, le 8 Mars 1911 en Allemagne, l'Autriche, le Danemark et la Suisse. Un total de un million d'hommes et femmes dans les quatre pays ont participé à la célébration de la première Journée Internationale de la femme. La célébration de cette journée a été accompagnée par un appel à accorder aux femmes le droit de vote, le droit au travail, le droit de recevoir une formation professionnelle et la liberté de toute forme de discrimination dans leur lieu de travail.

En Russie, le rejet des femmes pure et simple des différentes formes de discrimination est venu en 1917, quand, irrité par la mort de plus de deux millions de soldats, les femmes russes ont mené une grève dans lequel elles ont demandé pour le tsar de fournir du pain pour eux et leurs enfants et leur droit de vote. En réponse, le tsar répondît favorablement à leurs demandes.

Le rôle de la femme africaine

Le rôle joué par la femme africaine pour combattre la discrimination et l'oppression à travers l'histoire seront étudiés dans la période coloniale et postcoloniale. Bien que les femmes africaines victimes de discrimination dans certains domaines, cette discrimination est minime par rapport à ce que les femmes dans d'autres parties du monde ont souffert pendant ces périodes.

Période précoloniale : au cours de la puissance période précoloniale le pouvoir a été partagé entre les deux sexes, sans sexes dominant dans tous les domaines de la société. Chaque sexe a son propre domaine d'activité où il exerce le pouvoir et l'autorité. Dans les zones où les hommes Contrôlent le processus de décision dans la société, l'économie ou les fonctions religieuses ont été occupées et contrôlées par un prêtre en chef femme Dans un tel cas, les femmes contrôlaient les moyens de production et le surnaturel. Dans l'Est du Nigeria parmi les Igbo, un système bisexuels existent selon lesquelles le fonctionnaire dénommé Omu prend soin des affaires féminines. Même dans les zones où les hommes avaient totalement des pouvoirs politiques et religieux, les femmes ont influencé le processus décisionnel grâce à leurs relations avec les autorités en tant que mères, épouses et sœurs. Dans certains cas, ces relations ont servi comme représentant des femmes dans les affaires du roi ou du chef.

Dans d'autres zones en Afrique-, les femmes occupaient des postes élevés. Bien que ces postes ne représentent pas nécessairement les intérêts des femmes, il montre qu'il y avait moins de discrimination aux femmes le rôle joué dans la configuration politique dans cette société. Par exemple au Ghana, la reine-mère parmi les «Asante a tenu un bureau politique de haut, comme elle a accompli l'opération du maintien de la fertilité et la bonne fortune du royaume.

Dans d'autres zones en Afrique, les femmes étaient au sommet des communautés. Pour les femmes par exemple ont été des chefs de Mende et Sherbo en Sierra Leone. Ces quelques exemples démontrent que même si les femmes ne sont pas en grande majorité dans les postes de direction à travers l'Afrique au cours de la période précoloniale, certaines occupèrent des bureaux politiques et avaient leurs propres zones d'influence.

Les femmes au cours de la période coloniale

Au cours de la période coloniale les femmes ont commencé à perdre de leur autorité et le pouvoir avec l'avènement de l'impérialisme des puissances occidentales. Le rôle des femmes a été négligé et la préférence a été donnée aux activités exercées par les hommes. Dans certains cas, les activités des hommes sont devenues rémunérés tandis que les mêmes activités exercées par les femmes ne l'étaient pas. Par exemple, quand les Britanniques conquirent la terre Igbo au Nigeria, ils ont placé des fonctionnaires Obi rémunéré mais leur homologue féminin, n'avait pas la moindre attention.

Initiatives mondiales pour lutter contre la discrimination femmes

Avec la fin de la guerre mondiale Second, la lutte pour mettre fin à la discrimination réalisées: l'égard des femmes a été de nouveau relancé la Organisation des Nations Unies créée en 1945 a cherché à corriger certaines des violations des droits de l'homme menée contre les groupes vulnérables par des dictateurs et qui dans une certaine mesure conduit à des souffrances indicibles témoin pendant la guerre en particulier les souffrances infligées à la population civile et plus particulièrement sur les femmes et les enfants. L'Organisation des Nations Unies de la Déclaration universelle des droits de l'Homme, le 10 Décembre 1948 a donné encore la force et l'encouragement aux activités du mouvement des femmes, a appelé à l'élimination de la discrimination sur la base du sexe.

En 1972 ; une autre barrière au développement et à l'accès des ressources de l'état aux femmes fut éradiquée

Dès 1975, l'organisation des nations unies organisèrent plusieurs conférences afin de vérifier certains des problèmes rencontrés par les femmes dans le monde entier. L'une de ces conférences a eu lieu du 19 Juin au 2 Juillet 1975 à Mexico. L'approche adoptée pour se pencher sur le sort et situation difficiles des femmes a été celle du bien-être. Cette approche avait pour objectif principal de fournir des filets de sécurité pour atténuer les effets du marché libre sur la vie de personnes, particulièrement les femmes. Cette approche a été adoptée, fondée sur l'idée que la promotion du bien-être des femmes dans la famille proche ou du moins réduire l'écart entre les hommes et les femmes.

La deuxième conférence des Nations Unies sur les femmes a eu lieu du 14 ¬ 30 Juillet 1980 à Copenhague, «L'approche adoptée pour réduire l'écart entre les sexes a été l'approche anti-pauvreté. Cette approche reconnaît et encourage les femmes à devenir producteurs actives et non de simples consommateurs passifs. Dans cette conférence, la pauvreté a été considérée comme une cause du sous-développement qui ne fait qu'aggraver pouvoir inégales ou les relations entre les sexes. Il a donc mis en évidence qu'une autre façon de parvenir à la croissance économique était d'aider les femmes et donc d'augmenter ou de promouvoir leurs niveaux de productivité.

La Convention sur l'élimination de toutes les formes de discrimination qui est venu renforcer en 1981 a été une autre étape importante prise par la communauté internationale pour résoudre certains des problèmes rencontrés par les femmes dans le monde entier,. Les États ont pris sur eux de mettre en place des mécanismes qui permettrait d'éradiquer le rôle subalterne accordée aux femmes par le patriarcat et éradiquer la violence structurelle et culturelle menée contre les femmes sur la base de leur sexe.

La troisième Conférence mondiale a eu lieu en Juin 1985 à Nairobi, au Kenya. L'approche adoptée dans cette conférence mondiale a été l'approche d'efficacité. Au cours de cette conférence, les prospectives de Nairobi pour la promotion de la femme vers l'an 2000 a été approuvé. Ce document comprend des méthodes par lesquelles l'importance du rôle social des femmes et le respect de leurs droits seraient menées et promues dans les niveaux national, régional et mondial.

En 1992, le rôle des femmes dans la mise développement durable a été reconnu et encouragé à la Conférence des Nations Unies sur l'environnement et le développement. Cette conférence, qui allait être connu sous le nom Sommet de la Terre avait des délégués de plusieurs pays pour trouver des solutions aux problèmes liés à l'environnement. Les délégués ont décidé à cette conférence que les femmes joueraient un rôle stratégique et fondamental dans la conservation, la préservation et la gestion de l'environnement. .

L'année suivante, en 1993, à la Conférence mondiale sur les droits de l'homme tenue à Vienne, les délégués Autriche sont sorti avec la Déclaration de Vienne et du Programme d'action qui prévoit que toute violence, sous quelque forme exercée contre les femmes et les filles étaient tenus pour criminels et représente une violation grave des droits de l'homme.

La quatrième conférence sur les femmes a eu lieu en Septembre 1995 à Beijing en Chine. Les objectifs de cette conférence étaient de maintenir l'engagement pris lors des conférences précédentes par la communauté internationale de renforcer l'égalité des sexes et promouvoir le développement de toutes les femmes. Cela a conduit à la formation de la Plateforme d'action de Beijing qui a été un document qui est spécifié 12 domaines qui étaient considérés comme les principaux obstacles au développement de la femme.

Entre les sexes et les médias

Les médias sont une institution de compréhension qui joue un rôle «fondamental dans le développement et l'évolution des perceptions. Les médias affectent de manière significative le comportement des gens et nos actions quotidiennes. Depuis 1990, il ya eu une augmentation énorme de femmes dans les médias à travers le monde. Les femmes ont à surmonter les caucus qui les ont empêchés de pénétrer dans les professions dominées par les hommes comme le journalisme. Cette nouvelle race de femmes dans les médias souvent appelé les médias des femmes travailleurs ont joué un rôle important dans le traitement des projets de développement et dans les structures de pouvoir inverser et par conséquent l'accès des femmes à l'éducation et dans d'autres domaines jusque-là réservés aux hommes.

La relation entre les sexes et les médias ne peuvent donc être mieux comprise à trois niveaux;

a)   La participation des femmes dans la prise de décision et d'expression dans les médias

b)   La représentation des femmes et la relation entre les sexes dans les médias.

c)   L'accès et l'équité dans les médias.

a) La participation des femmes au processus décisionnel et d'expression dans les médias:

Même s'il ya eu un usage considérable de femmes dans les médias au début des années 1990, les femmes dans les médias (en particulier les journalistes) tout comme les femmes dans d'autres professions encore victimes de discrimination de plusieurs façons

En ce qui concerne l'attribution des tâches sont concernés, la plupart des postes à faible emploi rémunéré et des tâches moins sensibles sont souvent attribuées aux femmes alors que les positions les plus hauts postes de classement sont occupées par des hommes

Les femmes journalistes ne sont guère affectées à la couverture des questions sensibles comme ceux liés à la finance, la politique et l'économie La division sexuelle du travail dans le monde des médias des femmes affectées à des dossiers doux comme la mode, la culture, des arts et de style de vie. Outre le fait que le journaliste femelle plus souvent qu'autrement, sont affectées à la couverture des histoires insignifiantes, elles sont souvent victimes de harcèlement sexuel à la fois de l'institution n ~ où ils travaillent et de l'extérieur. Un autre domaine où la discrimination entre les sexes dans les médias est peut être observé est en e ~ la production de «nouvelles. Un rapport mondial montre que les femmes qui contribuent à la production de nouvelles que les personnes interrogées sont 17% seulement. Encore une fois un grand nombre d'entre eux sont victimes d'accidents, de crimes de guerre. Dans les questions relatives à la politique et le gouvernement, les femmes du monde entier qui ont servi de personnes interrogées étaient de 7%.

b) la représentation de la femme

. L'image de la femme véhiculée par les médias est souvent négative. Le plus souvent les femmes dans les médias sont dépeintes comme des pleureuses de circonstances, les victimes des guerres et des crimes et des objets sexuels Plus encore, les médias de façon significative et dans la plupart des cas, utilise le corps des femmes dans la publicité et la pornographie.

Grâce à la publicité de produits d'amélioration de soi et des services tels que les styles, bronzage maquillage, les régimes et les femmes chirurgie plastique plus que les hommes ont perdu leur identité de soi, l'estime de soi dans la quête de soumettre leur corps par des exercices quotidiens et suivre un régime pour ressembler à des stars de cinéma et des célébrités souvent dépeintes dans les médias comme des modèles positifs.

c) L'accès et l'équité sur les médias

Bien que les médias est un outil puissant de changement social et pour le développement et l'autonomisation des femmes sont encore, pour plusieurs raisons du retard dans l'utilisation de cette institution. Tout d'abord, certaines femmes en particulier ceux des zones rurales ne savent ni lire ni écrire. Certaines femmes ne peuvent pas se permettre radios "téléviseurs ou s'abonner aux services Internet également le rôle joué par les femmes en la maison, il est difficile pour eux de bénéficier de certains de ces services.

Fin de la leçon d'essai Cochez la bonne réponse

]) Les croyances culturelles et les attentes sociétales qui sont liées aux hommes et aux femmes i ~ appelé

e) Sexe b) Sexe c) Mutilation

d) Toutes ces réponses

2) Toute distinction, exclusion ou restriction fondée sur le base du sexe est appel

Un programme d'équité) entre les sexes

b) L'égalité des sexes

c) La discrimination sexuelle

d) a et c sont correctes

3) Les caractéristiques du genre sont énumérés ci-dessous, sauf sont cochez l'exception.

a) Immuable

b) Modification de ~

c) socialement dépendants

d) la culture dépend

4) Les fonctions suivantes ont trait au sexe, sauf un.

Choisissez le

a) biologiquement déterminé

b) Immuable

c) Créée par la procréation

d) Aucune de ces réponses

5) qui, parmi les énoncés suivants est incorrect sur le genre et le sexe?

a) La notion de genre est uniforme dans toute société

b) Les hommes et les femmes ont des caractéristiques uniques

e) La notion de genre dans une société donnée peuvent changer avec raison le temps de la sensibilisation et les connaissances

f) Les rôles sexuels associés à des mâles et les femelles sont fixés

6) Les femmes sont vulnérables et 1 ou ~ au sexe discrimination en raison de

a) différents croyances culturelle

b) les rôles et les attentes sociales

c) toutes les 2

d) rien de ce qui précède

7) Ce qui suit sont certains domaines, les femmes ont été discrimination aux Etats-Unis, sauf onc.

a) Droits de vote

b) Droit à une profession comme la médecine

c) La liberté de choisir leur mari

d) Discrimination des salaires

8) « La mère est de l'or, la femme est de l'or, ou pas homme femme, vous êtes spécial » sont des déclarations communes utilisées par ceux qui tiennent à l'opinion des

a) u féminisme Amazonienne

b) le féminisme culturel

c) le féminisme Matériel

d) féminisme modéré

9) L'une des méthodes utilisées par les femmes d'Anápolis pour lutter contre la discrimination des femmes dans leur communauté a été.

a) A s'asseoir grève avec l'écriture sur le dos encore une fois la discrimination des femmes.
b) L'interruption de la circulation des véhicules
c) Refuser de répondre à leurs hommes soldats sexuellement
d) Rédaction des pétitions aux organismes gouvernementaux et internationaux contre les hommes.

10) Elle a défié l'idée en Egypte que les femmes étaient moins intelligents inférieure et devenir l'un des plus grand savant de mathématiques, géométrie, etc
a) Ambe Mirable Bi
b) Hypatia
c) Susan B Anthony
d) Candy S.

11) Lequel des campagnes suivantes ont conduit à la célébration de la journée internationale de la femme?

a) La 2ème conférence internationale des femmes socialistes à Copenhague 1910.
b) La réunion du groupe de thé.

a) La Convention de Wesley Chapel Présidé par Candy Station Elizabeth.
b) Toutes ces réponses.

12) Comment peut-on justifier le fait que nos maîtres coloniaux a Gend inégalité r ~ dans notre société au cours de la période

coloniale?

a) Les Britanniques attention égale à l'Obi et de son homologue féminin quand ils sont arrivés au Nigeria.

a) Le Obi au Nigeria a été payé pendant la Omu son homologue féminin a été négligé

a) la préférence a été donnée aux activités menées par des hommes que ceux réalisés les femmes.

a) b et c ne sont correctes.

13) Une situation où les hommes et les femmes ont les mêmes droits, responsabilités et possibilités de contribuer à
14) le développement socio-économique et politique de
leur société est appelée
c) l'égalité des sexes
d) la discrimination entre les sexes
e) l'égalité des sexes
f) l'autonomisation des femmes

Utilisez le cas échéant t ~ rm que les meilleures suites chacune des affirmations suivantes
15) Une société où seuls les hommes ont la possibilité de devenir des leaders.

16) Les enfants autorisés à travailler dur et emplois peu payés ou pas de salaire.

18) La circoncision des femmes à des fins religieuses, traditionnelles ou sociale.
20) La biologiques, physiques et universellement acceptée des différences qui existent entre un mâle et une femelle.

21) La participation forcée d'une petite fille à la prostitution par le tiers.

B) structurels

1) Définir les termes suivants dans vos propres mots utilisés dans le cadre de cette étude
b) une discrimination entre les sexes

2) la distinction entre sexe et genre (Donnez deux différences)

qu'entendez-vous par le terme féminisme?
5) Quelle a été la méthode non-violentes utilisées par les femmes de l'Acropole à manifester leurs griefs sur les stéréotypes, la discrimination et de sujétion () f le sexe féminin par les hommes.

1)   les changements constitutionnels
     l'indépendance. Discuter

2) Le processus de démocratisation dans «le Cameroun depuis 1990.
Discuter

3) Expliquez certains impératifs moraux Dans un sens général et professionnel

4) Un citoyen responsable ne concerne pas seulement des droits mais a connaît et exercer ses / fonctions sienne ainsi.
Discuter

5) En dépit de la Convention sur le droit de l'enfant, les enfants dans de nombreux pays africains souffrent encore de nombreux abus.
Discuter.

6) Discuter de certaines des mesures qui peuvent être prises pour promouvoir l'égalité des sexes.

 6) Dans quelle mesure l'État doit permettre aux individus la liberté de jouir et d'exercer leurs droits?

7) L'autonomisation des femmes est bénéfique pour la société tout entière.

Discuter

BIBLIOGRAPHIE

Livres

Adei Stephen, Leadership and Nation Building, Accra, Combert Impressions, 2004.

Anne Elias, "Ethics in Peacekeeping", www.peaceopstraing.org., 2008.

Etta Bernard, Dynamique de la construction d'une nation, Bamenda, Maryland Printers, s.d.

Fanso, V.G, Cameroon History for Secondary Schools and Colleges, Vol. 2, Londres, Macmillan Press, 1989.

Gelb Alan, Can Africa Claim the 21st Century, Washington D.C, World Bank Report, 2000.

Mbome Francois, Regimes Politigues Africain, Yaoundé, Les Edition Bala, 1990.

Medhurst Paul, "Global Terrorism", "www.peaceopstraing.org., 2008.

Myles Munroe, Becoming A Leader, Californie, Pneuma, 1993.

Ngoh Julius V, Histoire du Cameroun depuis 1800, Limbe, PresBook, 1996.

........................The Untold Story of Reunification, Presprint, Limbe, 2011.

Services du Premier Ministre, Mémorandum sur les droits de l'homme au Cameroun, Yaoundé, 1999

Saffell David C., Civics : Responsibilities and Citizenship, New York, Glencoe McGraw-Hill, 2002.

Su Aaron, Nationalisme et construction des nations en Afrique, Limbe, PresBook, 1992.

Ximena Jimenez, "Gender Perspectives in the United Nations Peacekeeping Operations", "www.peaceopstraing.org., 2008.

Article

Bongfen Chem-Langhëë "The Road To The Unitary State Of Cameroon 1959-1972"

UNRIC Library & Info Point Backgrounder: Rule of Law. https://unric.org/en/unric-library-backgrounder-rule-of-law/

G. Echu: The Language Question in Cameroon. https://bop.unibe.ch/linguistik-online/article/download/765/1309?inline=1

Semi-presidential system | As Close to Reality, an .... https://ahactr.fandom.com/wiki/Semi-presidential_system

Foncha's 'Truth Shall Prevail' On Federalism Justified https://cameroonpostline.com/fonchas-truth-shall-prevail-on-federalism-justified/%E2%80%8B

Parliamentary system. https://www.widernet.org/pocketlibrary/mep/eGLibrary/en-wikipedia_for_schools-static/wp/p/Parliamentary_system.htm

Parliamentary government a gateway to good governance .... https://graduateway.com/parliamentary-government-a-gateway-to-good-governance/